INGENIERO ARQUITECTO

JOSÉ LUIS HERNÁNDEZ MENDOZA

HONESTIDAD, SERVICIO, IMAGINACIÓN E INGENIO.

MAESTRO MEXICANO DE LA ARQUITECTURA

1918-1985

POR

ING. ARQ. ÁNGEL ESTEVA LOYOLA

Y COLABORADORES

Querétaro, Qro., a 19 de junio de 2024

Primera edición

DEDICATORIA

Con mi más profundo agradecimiento, dedico este libro a mi querida esposa Emilia y especialmente a mi hija Maricarmen por su gran apoyo en el diseño de este nuevo documento de la vida del Ing. Arq. José.Luis Hernández Mendoza. Así como también a todos los que colaboraron para su revisión, inserción de nuevos datos, ilustraciones revisión y corrección de estilo, etc. Reconozco, de manera especial, el trabajo de coordinación de esta edición hecho con tanto esfuerzo y dedicación de mi querido amigo José Manuel Hernández Escamilla.

Agosto 25/2023

CRÉDITOS:
De la presente edición

AUTOR:
ING. ARQ. ÁNGEL ESTEVA LOYOLA

COORDINACIÓN INICIAL, DEFINICIÓN Y RECOLECCIÓN DE LA INFORMACIÓN
ARQ. JUAN DAVID HERNÁNDEZ ESCAMILLA

**COORDINACIÓN GENERAL Y APOYO DE
INFRAESTRUCTURA DE LA PRESENTE EDICIÓN:**
ARQ. JOSE MANUEL HERNÁNDEZ ESCAMILLA

**DIBUJO E ILUSTRACIÓN DIGITAL, MODELADO,
RENDERISMO, FOTOGRAFÍA Y OTROS:**
LIC. A.A.D MARICARMEN ESTEVA SIMÓN
ISAAC ORENDAY HERNÁNDEZ
DANYEL HERNÁNDEZ
ARQ. YETLANETZI ALICIA MARTÍNEZ BARAJAS

RECONSTRUCCIÓN Y MODELADO
ING. ARQ. ALEJANDRO SANCHEZ ARAGON
ING. ARQ. LILIANA VICTORIA GUZMÁN ARRIAGA

RENDERIZADO
ING. ARQ. OSCAR VELEZ PÉREZ.

MODELADO, EDICIÓN Y POSTPRODUCCIÓN
ING. ARQ. RODRIGO MARTINEZ SANCHEZ

DISEÑO DE PORTADA EXTERIOR DEL LIBRO:
SR. JUAN MANUEL HERNÁNDEZ GONZÁLEZ

CORRECCIÓN DE ESTILO
KARLA ZULLAY HERNÁNDEZ GONZÁLEZ
PARTICIPACIÓN ESPECIAL
DOÑA GRAZIELA ESCAMILLA DE HERNÁNDEZ
ARQ. JUAN DAVID HERNÁNDEZ ESCAMILLA

APOYOS ESPECIALES
EMILIA SIMÓN GALINDO
OFELIA GONZALEZ GUEVARA

**ASESORÍA GENERAL, APORTACIÓN DE DATOS
Y COORDINACIÓN DE LA TEORÍA ESCENICA:**
ING. ARQ. GUADALUPE FRANCO DAZA

ORDENACIÓN DE ARCHIVO:
FAMILIA HERNÁNDEZ ESCAMILLA
HISTORIADORA CARMEN SAUCEDO ZARCO

PRESCENCIA Y EXPOSICIÓN DIGITAL:
ING. FRANCISCO CARRIEDO HERNÁNDEZ

Contenido

PORTADA INTERIOR, DATOS, REGISTROS Y CRÉDITO — 0

CONTENIDO GENERAL — 4

PRESENTACIÓN — 6

PRÓLOGO — 7

INTRODUCCIÓN — 10

VIDA DE JOSÉ LUIS HERNÁNDEZ MENDOZA — 12

ESTUDIOS. Datos personales, título y el penacho — 13

OPINIONES VALIOSAS — 16

OPINIÓN PERSONAL DE LA ING. ARQ. GUADALUPE FRANCO DAZA — 19

EL ARQ. JOSE LUIS HERNÁNDEZ MENDOZA EN EL CONTEXTO DE LA ARQUITECTURA INTERNACIONAL

¿EN QUÉ CONSISTE LA ARQUITECTURA TÉCNICO-ESCÉNICA–PSICOLÓGICA — 21

LAS TEORÍAS DEL GRUPO "A" — 22

A1) ENUNCIADO GENERAL DE LA TEORÍA DE LA ARQUITECTURA TÉCNICO-ESCÉNICA-PSICOLÓGICA — 22

A2) TEORÍA DE LA ARQUITECTURA Y EL DISEÑO PROSPECTIVO — 23

A3) TEORÍA DE LA COMPOSICIÓN ANALÍTICA Y DISCIPLINAS COMPLEMENTARIAS — 25

A4) TEORÍA DEL APRENDIZAJE — 26

A5) TEORÍA DE LA PERSONALIDAD — 26

A6) TEORÍA DE LA RELACIÓN Y ENRIQUECIMIENTO DE LA PERSONALIDAD — 27

A7) TEORÍA DE LAS ESFERAS "MAXIM", CON APLICACIÓN MULTIDIRECCIONAL — 28

A8) TEORÍA DE LAS ESFERAS "MAXIM II", CON APLICACIÓN MULTIDIRECCIONAL — 29

A9) TEORÍA DEL DESARROLLO DE LAS IDEAS (EL PROCESO) — 30

A10) TEORÍA DE LOS PROCESOS CREATIVOS POR EL MÉTODO DE LOS ESTÍMULOS VIVENCIALES — 31

LAS TEORÍAS DEL GRUPO "B" — 38

B1) TEORÍA DE LA LÍNEA, EL COLOR, EL ESPACIO Y LA FORMA (MENSAJES PSICOLÓGICOS) — 38

B2) CONCEPTOS GENERALES Y EL PROCESO EN LA COMPOSICIÓN ARQUITECTÓNICA ENCAMINADA — 45

B3) TEORÍA DEL MEDIO AMBIENTE, TERRENO Y NORMATIVIDAD — 48

B4) TEORÍA DEL PARTIDO Y LOS DIAGRAMAS CROMOESFÉRICO — 49

B5) TEORÍA DEL HALL, VESTÍBULO Y CIRCULACIONES. — 50

B6) TEORÍA DE LAS GIRACIONES. LA ESCUELA MODERNA AMERICANA. — 51

B7) TEORÍA DE LAS ESCALERAS Y RAMPAS DE PENDIENTE SUAVIZADA Y ANCHO RAZONADO — 58

B8) TEORÍA DE LOS PLANOS ESCÉNICOS — 64

B9) TEORÍA DE LOS ENCASTRES — 73

B10) TEORÍA DEL DISEÑO DE PLAFONES DIRIGIDOS, ASÍ COMO MAMPARAS Y PERSIANAS CONDUCTORAS DE VIENTOS E ILUMINACIÓN SOLAR — 82

B11) TEORÍA DE LAS FACHADAS — 82

B12) TEORÍA DE LOS EDIFICIOS PANTALLA DE REFLEXIÓN RECÍPROCA EN ARQUITECTURA — 85

B13) EDIFICIOS DE INCLINACIÓN RAZONADA — 86

B14) TEORÍA DE LA ARQUITECTURA DE PAISAJE — 87

LAS TEORÍAS DEL GRUPO "C" — 88

C1) TEORÍA DE LA CIUDAD ESPIRAL — 88

C2) TEORÍA MAGNÉTICA ESPACIAL DEL DISEÑO DE CIUDADES Y CONJUNTOS HABITACIONALES — 89

C3) TEORÍA DE LAS CIUDADES EXPERIMENTALES DE ESTUDIO — 93

C4) METODOLOGÍA PARA LA EJECUCIÓN DE UN PLAN URBANO — 97

C5) ESTUDIOS PREVIOS PARA FORMULAR LA TEORÍA DEL DISEÑO DE CIUDADES — 98

C6) IMPORTANCIA DEL PAISAJE DENTRO DE LA PLANIFICACIÓN Y APLICACIÓN DE UNA FASE DE LAS PLATAFORMAS-OASIS AL EJIDO COLECTIVO — 99

PROYECTOS DEL ARQ. JOSÉ LUIS HERNÁNDEZ MENDOZA — 100

OBRAS DEL ARQ. JOSÉ LUIS HERNÁNDEZ MENDOZA — 106

PROYECTOS Y OBRAS CON ALUMNOS — 110

CONFERENCIA LA ARQUITECTURA DE FRANK LLOYD WRIGHT — 111

ACTIVIDAD DOCENTE, CREACIÓN DEL CINAHUEST — 112

EL LEGADO DEL ING. ARQ. JOSÉ LUIS HERNÁNDEZ MENDOZA — 114

"SOLO LOS GRANDES HOMBRES TRASCIENDEN EN EL TIEMPO" ING. ARQ. ALEJANDRO SANCHEZ ARAGON — 115

FUENTES DE INFORMACIÓN Y BIBLIOGRÁFICAS — 117

PRESENTACIÓN

"TODO TIENE UN SENTIDO"
POR
GUADALUPE FRANCO DAZA

Estimado lector:

El presente trabajo de investigación es el fruto de varias décadas de esfuerzo de la familia Hernández Escamilla; del interés para dar testimonio y promover la obra multifacética del Ing. Arq. José Luis Hernández Mendoza.

El lector irá descubriendo las teorías fascinantes arquitectónicas, urbanísticas, pedagógicas, psicológicas, estéticas, que servirán de base para seguir investigando los procesos de la creatividad y el conocimiento del hombre que fue su pasión y eje rector de su obra trascendente.

"En la impartición de la materia de composición arquitectónica, el Arq. Hernández Mendoza con frecuencia realizaba analogías, para de ésta manera ser más didáctico y que comprendiéramos las funciones de cada zona, área o local.

A la que más recurría era a la analogía existente entre el ser humano y la casa habitación. Mencionaba que el diseño y ubicación de los sistemas, aparatos, órganos humanos cumplen una función y un sentido específico, así como el arquitecto debería planear y diseñar los espacios arquitectónicos idóneos de la vivienda, habría de tener una visión futurista para que la casa siguiera satisfaciendo las necesidades de los habitantes de la misma y que ésta fuera el reflejo de la personalidad de la familia que la habitara.

Así, el sentido de la vista en el ser humano es equivalente a la instalación eléctrica e iluminación de los edificios; el aparato digestivo en el hombre, es símilar a la instalación sanitaria en los edificios; el esqueleto es la estructura, la piel son los acabados; los sentidos son las intercomunicaciones; las articulaciones óseas son los vestíbulos... y así continuaba relacionando cada uno de los partidos o conceptos de obra y componentes del proyecto arquitectónico con la "máquina perfecta": el hombre".

Esto que menciona la arquitecta Franco, identifica plenamente al arquitecto Hernández Mendoza no sólo con el estilo funcionalista de Le Corbusier, Van der Rohe y Gropius, sino también con la arquitectura "orgánica" de Frank Lloyd Wright.

"SIN DUDA UN GRAN MAESTRO DE LA ARQUITECTURA MEXICANA"

PRÓLOGO

Aportar unas notas preliminares a un estudio como el presente, que el Arq. Ángel Esteva Loyola realiza sobre la figura paradigmática del funcionalismo mexicano: el Ing. Arq. José Luís Hernández Mendoza, y que distingue la honestidad, el servicio, la imaginación y el ingenio de un maestro mexicano de la arquitectura, es una empresa por demás difícil, pues esto requiere de muchas aclaraciones contextuales, por lo menos: a) sobre la investigación del Arq. Esteva y sus fines cognitivos; b) sobre la recuperación de figuras patrimoniales perdidas por la memoria arquitectónica; y c) sobre el carácter y significados de la arquitectura de México en el parteaguas postrevolucionario y los restos de polémica y conciliación de posturas.

Creo que el trabajo arquitectónico de construcción teórica que a partir de los años cincuenta emprendió una generación de teóricos e historiadores de la arquitectura en México y que aún continúan investigando tras las huellas de las teorías de los arquitectos: José Villagrán desde la UNAM y Juan O'Gorman desde el IPN lanzaron, formalizando modos de comprender y concebir la arquitectura necesaria y conveniente para la edificación de un país renovado: el México posrevolucionario desde enfoques sobre el proyecto de nación muy diversos, aunque no antagónicos y a través de las obras paradigmáticas de los grandes creadores mexicanos en arquitectura contemporánea, en que los grandes consagrados permite conocerlos mejor y más objetivamente: Obregón Santacilia, Villagrán, Pani, del Moral, Yáñez, Ramírez Vázquez y Teodoro González de León. Dicha investigación también ha recuperado a los arquitectos malditos y a otros sólo ignorados, como los tres Juanes: O'Gorman, Legarreta y Segura y sus clásicos hallazgos en materia de escuelas, vivienda y vinculaciones entre obra y contexto urbano; a Francisco Serrano, el maestro de Art Decó; y a Carlos Lazo, Antonio Pastrana, y José Luis Hernández Mendoza por una arquitectura con imaginación creativa; y a Félix Candela, Reinaldo Pérez Rayón y Enrique de la Mora con sus productos clásicos; arquitectos así, cuyas obras y teorías llenan un caudal de las mejores aportaciones del medio siglo.

Al mejor conocimiento de esas obras, reflexiones y construcciones teóricas anexas, que muestran la gesta de construir una arquitectura para México, supone que esta investigación (aquí bocetada), corresponderá una mejor captación consciente de los futuros arquitectos y consiguientemente de la producción de una mejor arquitectura, tan necesaria en está crisis de desconcierto que ocupa la producción finisecular en la arquitectura en el globalizado México neoliberal.

En está trayectoria cultural se localizan las búsquedas e investigaciones de Ángel Esteva Loyola, por ello, un libro que reivindica y recupera la obra notable y con hallazgos creativos y deslumbrantes como es la recopilación y ordenamiento de los archivos del maestro arquitecto Hernández Mendoza y su cuidadosa lectura puntual con valoraciones y juicios sobre sus aportes, es un documento de una gran vitalidad para quienes estudian y aman la arquitectura. En este libro está palpitante la actividad polifacética de un funcionalista radical, que corresponde a su formación politécnica y heredera de las búsquedas más radicales por extender el funcionalismo "al todo" conceptual de la arquitectura.

En está dirección, la obra tanto proyectual como teórica de don José Luis Hernández Mendoza, llena un capítulo signado por: la aventura, lo desmesurado y lo imaginativo, un arquitecto que en México y a mitad del siglo XX decide pensar por sí y tomar como referente a la vida misma, construyendo desde cero sus instrumentos, métodos y discursos plásticos, animado por la modernidad cultural más vanguardista lo mismo en el ser del habitante tanto física como espiritualmente, como en la liberación de todo dogma o uso establecido. De ahí sus notables resultados: "… una escalera es un mecanismo arquitectónico que sirve para desplazarse de un plano a otro…" y solamente eso.

Por lo tanto, es el trabajo humano del habitante el tema de su proyección: la fatiga consecuente, que es habitada por el usuario se convierte en el problema del diseñador… y tenemos: "las escaleras de pendiente suavizada y ancho razonado", y agregaría yo (CGL): y tenemos un avance del conocimiento humano sobre el espacio y su habitabilidad a nivel mundial, efectivo y verdadero y una aportación mexicana a la Arquitectura toda. En fin, el libro describe esto y más, y yo sólo estoy haciendo un prólogo.

Si recuperar para la cultura arquitectónica actual, el conocimiento original generado y los proyectos arquitectónicos notables logrados por don José Luís Hernández Mendoza, en el uso de sus teorías arquitectónicas como la "Teoría de la Arquitectura Técnico − Escénica − Psicológica" y resultados tan notables como la casa de Soler, la casa del Barco y la Escuela E.S.I.M.E. del Casco de Santo Tomás y muchas otras notables curiosidades e ingenios creados por el maestro, la obra que tenemos en las manos, de Ángel Esteva cumple con creces su propósito. Eso sí es un texto hermético y críptico, debido al rigor y escrupulosa fidelidad a las maneras y caligrafías del material original que dejó en sus archivos y en la memoria de sus discípulos, el maestro.

Es un libro para lectores tenaces y buscadores infatigables y no un thriller o best seller. Por ello le auguro al libro esperanzas en bibliotecas de amantes de la arquitectura y de la cultura nacional y me temo que una recepción muy restringida de un público "lector" de arquitectura fotografiada y sin textos; para ellos resultará por lo menos insufrible. Pero me imagino que don José Luís hubiera deseado algo como esto. Corresponde a su estilo y seguramente a sus posibles aprendices y admiradores.

Una nota final sobre el autor e investigador, aunque los colaboradores del libro sean innumerables; el maestro Ing. Arq. Ángel Esteva Loyola, docente muy apreciado e investigador por vocación de larga trayectoria, autor prolífico de libros como: El análisis de los edificios y otras construcciones en 1983; Las voces del arte en 1989, Universo de los estilos en la arquitectura en 1993 y Análisis para proyecto y evaluación de edificios y otras construcciones de 1996. Las investigaciones más relevantes del autor son a mi juicio: los diez modos de daño sísmico en edificios, extraídos del estudio sobre el sismo de 1985; el libro de los órganos musicales en México, único en su género, las relaciones entre "Música y Arquitectura" (la composición), ya que el autor es además músico notable y compositor en activo; La destrucción del patrimonio arquitectónico y por qué se destruye, relativas al patrimonio nacional y su defensa; y sus estudios sobre creadores mexicanos insólitos como don Manuel M. Ponce, el célebre compositor del Concierto del sur; don Vicente Uvalle Castillo, trovador yucateco; el Ing. Manuel González Flores, autor de los pilotes de control y el salvamento de edificios patrimoniales como la Colegiata y el Pocito de la Villa de Guadalupe; y por supuesto la que tiene usted en sus manos: la obra y teorías de don José Luís Hernández Mendoza, insólito arquitecto mexicano.

Así la aparición de este libro representa dos logros: uno ya señalado, que espero que llene un vacío en la historiografía de la arquitectura contemporánea mexicana, pero además el acceso de primera mano a los materiales de un autor arquitecto notable y que no deja de ser una aportación historiográfica en nuestro medio, ya que al autor está frente al archivo completo tal cual, sin manías expurgatorias, o casi; solamente organizado y someramente enjuiciado, dejando al lector-investigador en libertad de conocer a diversos niveles de profundidad y de hacer sus propias lecturas del sujeto estudiado. Y cumple también con una entrega más de los materiales didácticos que en materia de arte y arquitectura, viene cumpliendo hace largo rato Ángel Esteva Loyola, investigador del Instituto Politécnico Nacional de reconocido mérito y cuyas virtudes usted comprobará de inmediato.

En Muitles de San Mateo Tlaltenango, julio de 1999
Firma: DR. CARLOS LUIS ARTURO GONZÁLEZ Y LOBO

Collage artístico de JLHM elaborado por la Arq. Yetlanetzi Alicia Martínez Barajas, extraido de su tesis de la UNAM

INTRODUCCIÓN

Cuando me nació la inquietud de estudiar arquitectura busqué entre todas las escuelas y universidades que entonces había, la que más respondía a mis aspiraciones de estudios profesionales; y encontré que la mejor, sin duda, era la Escuela Superior de Ingeniería y Arquitectura del Instituto Politécnico Nacional, por lo completo del panorama que planteaba en sus programas de estudio. En realidad, esta escuela de enseñanza superior daba la oportunidad de conocer desde los aspectos ingenieriles más técnicos, hasta las más imaginativas actividades del diseño y la investigación. Por ello, los egresados tenían un horizonte de trabajo más amplio, pues lo mismo podían llevar a cabo actividades de cálculo, diseño estructural, construcción o supervisión de obras, etcétera, que diseñar arquitectónicamente, de acuerdo a las inclinaciones, gustos y preferencias de cada estudiante. Perfeccionarse en cursos de posgrado, tales como diplomados, maestrías o doctorados era el camino para lograr superarse en aquella actividad de la arquitectura que fuera más afín a las expectativas personales.

Así pues, desde que inicié mis estudios conocí muchos arquitectos politécnicos quienes llevaban a cabo actividades profesionales muy diversas, distribuyendo su tiempo entre el ejercicio profesional en aquello que se habían especializado y la actividad docente, de tal manera que transmitían su experiencia profesional a sus alumnos a través de cátedras, que siempre resultaban muy ricas en contenido. Así comprobé que efectivamente los arquitectos egresados de esa escuela profesional se dedicaban a muy diversas actividades en los ramos de la ingeniería y de la arquitectura, en los cuales se iban especializando, y tuve contacto desde estructuristas y calculistas o constructores y diseñadores de instalaciones eléctricas y sanitarias o industriales de la construcción, hasta diseñadores, investigadores y teóricos de la arquitectura. Pero, también había quienes lo abarcaban todo, es decir, lo mismo calculaban que diseñaban y eran teóricos de la materia y esto era posible únicamente por las oportunidades de desarrollo profesional que la propia escuela, donde habían estudiado, les proporcionaba a través de su preparación. Esto se ve en el siguiente esquema:

Por eso no es extraño encontrar entre los egresados de la Escuela Superior de Ingeniería y Arquitectura, personalidades tan interesantes como la del Ing. Arq. José Luís Hernández Mendoza, un hombre que destacó en forma notable, tanto llevando a cabo actividades de calculista como diseñador y teórico de la arquitectura. En suma, un verdadero Ingeniero-Arquitecto.

Si de alguna manera quisiéramos definir su personalidad sólo podríamos decir que fue un hombre polifacético, aunque todo lo que llevó a cabo siempre giró en torno a la arquitectura, que se convirtió en el centro de su actividad profesional. Esto se puede constatar a lo largo del trabajo original que se hizo, resultado de una investigación meticulosa en sus archivos personales y sus obras, en el que empezamos describiendo algunos aspectos de su vida y personalidad, luego tratamos sobre su actividad como investigador y teórico de la arquitectura, más adelante presentamos su actividad profesional con las obras que realizó y terminamos con sus actividades académicas. Se incluyen también, en el libro original, comentarios sobre él y su obra hechos por amigos, estudiantes y personajes importantes nacionales y extranjeros. Esto permite ver lo que hizo durante su vida, el valor de lo que realizó, su trascendencia en el campo de la arquitectura, además de su valor como catedrático, investigador, teórico y profesional, de la misma. En esta ocasión sólo presento un resumen del libro original en el que se enumeran y explican brevemente, las treinta teorías que conforman la macro teoría que, el propio Hernández Mendoza, llamó **"TEORÍA DE LA ARQUITECTURA TÉCNICO, ESCÉNICA Y PSICOLÓGICA"**, esperando despertar el interés de otros investigadores en el amplio universo temático que este notable arquitecto planteó que lo convierten en un **"VERDADERO MAESTRO MEXICANO DE LA ARQUITECTURA"**.

ING. ARQ. ÁNGEL ESTEVA LOYOLA

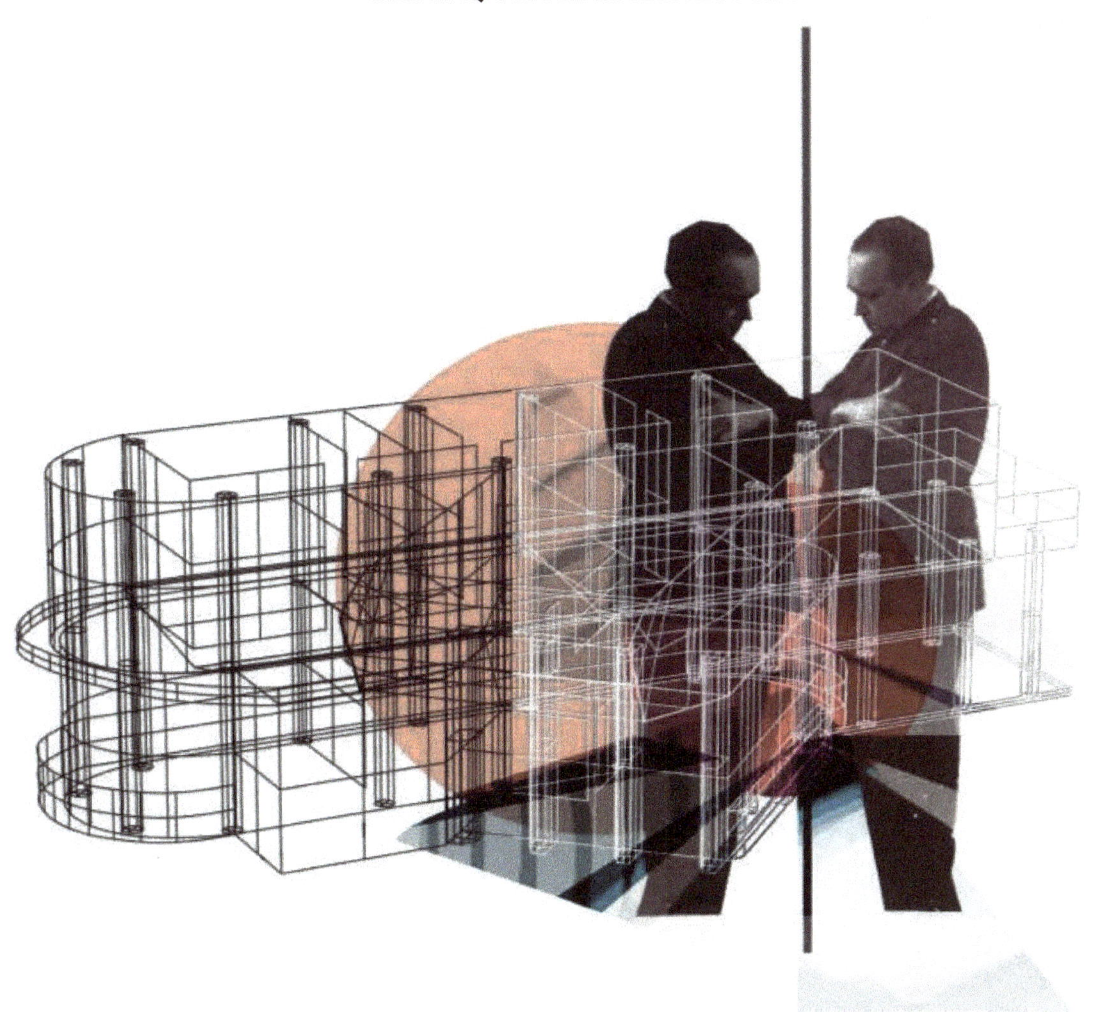

Collage artístico de JLHM elaborado por la Arq. Yetlanetzi Alicia Martínez Barajas, extraido de su tesis de la UNAM

VIDA DE JOSÉ LUIS HERNÁNDEZ MENDOZA

1   Nació el 25 de agosto de 1918 en la ciudad de Guadalajara, Jalisco. Fue el cuarto hijo del matrimonio formado por Don Maximiano Hernández y Doña María de la Luz Mendoza. Sus hermanos fueron María Magdalena, quien murió de manera prematura, Manuel de Jesús y María de la Luz.

.

2   Se casó con Graziella Escamilla el 26 de noviembre de 1947 en el templo de la Sagrada Familia ubicado en la colonia Roma de la Ciudad de México en ceremonia que ofició Ramón Martínez Silva, S.J. Tuvo con ella diez hijos: José Luis, María Graziella, José Manuel, Miguel Ángel, Martha, Pilar Concepción, Juan David, María Cecilia, María del Rocío y Rosa María. Fue muy feliz, decía que le había tocado vivir "el paraíso en la tierra".

3   Murió en la Ciudad de México, en 1985 como consecuencia de un desafortunado accidente.

José Luís Hernández Mendoza en brazos de su madre

José Luís Hernández Mendoza con sus hermanos

Para saber mas , acceda al siguiente QR

Su vida y obra

Boda en 1947

ESTUDIOS PROFESIONALES

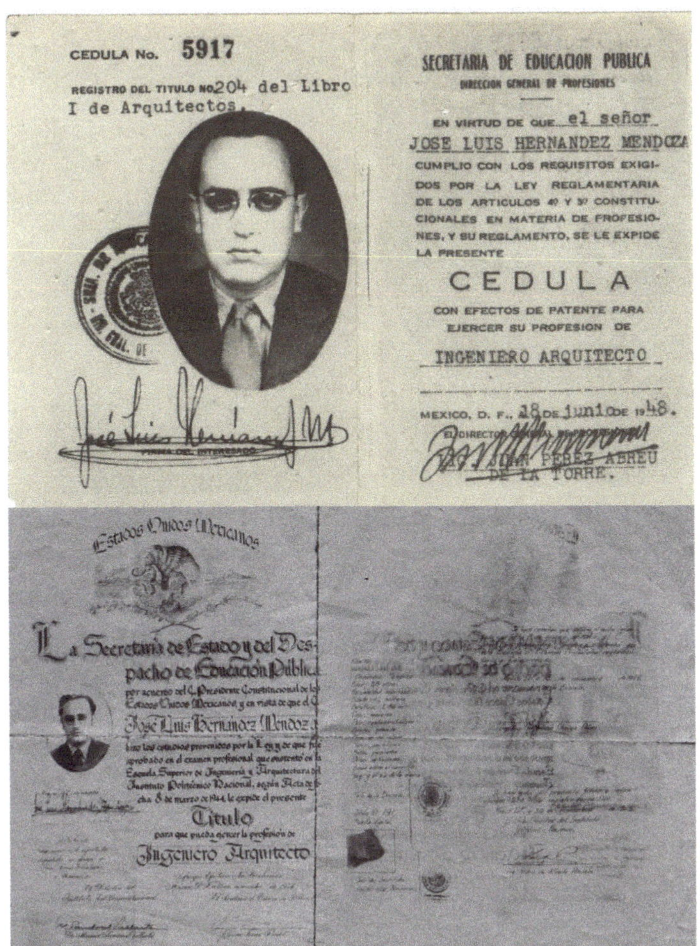

Titulo y Cedula profesional del Arq. José Luís Hernández Mendoza

En 1932 ingresó a la Escuela Nacional de Constructores y despues de que Lázaro Cárdenas creara en 1937 el Instituto Politécnico Nacional, la Escuela Nacional de Constructores se transformó en la ESIA, y Hernández Mendoza cursó la carrera de Ingeniero Arquitecto, recibiéndose con mención honorífica en 1944, aunque su título se lo entregaron hasta 1946. El tema de su tésis fue "Proyecto del Instituto Anticanceroso para la Ciudad de México".

Pero era un hombre humanista, con capacidad para otras actividades tales como la docencia y la investigación.

Además, era poeta y tenía gran sensibilidad para las actividades artísticas; para constatarlo basta con leer el siguiente poema en la parte superior derecha.

"HIMNO AL HOMBRE"

¡QUE MAJESTUOSO SE LEVANTA EL HOMBRE,
POR EL CAMINO DEL TERRENO INHÓSPITO
DE LA MEDIOCRIDAD, DE LA BARBARIE,
QUE LO DISTINGUE DE LA BESTIA PESTILENTE!
PORQUE ...
SER HOMBRE ES LLEVAR IMPLÍCITO,
EL TESORO DEL INMORTAL ESPÍRITU,
LA MENTE, SU DEPENDENCIA,
SER HOMBRE ES TALLAR,
EN RUDA PIEDRA SU DIAMANTE,
SER HOMBRE ES ESCALAR MUY ALTO, EN LA VIDA
LA ESCARPADA ROCA
EN LA INACCESIBLE ALTURA,
QUE NI EL AGUILA OSAR PUDIERA,
SER HOMBRE ES TRASPASAR LOS CIELOS,
DEL CÓSMICO SISTEMA: EL UNIVERSO,
SER HOMBRE ES LUCHAR POR ROMPER
LA ENVOLTURA DEL ESPACIO
PARA DIALOGAR CON SUPERIORES SERES
SER HOMBRE ES ABSORBER
LA TOTAL REFULGENCIA DE LA VIDA
CUANDO EL ESPÍRITU SE ABRE
A CONQUISTAR LOS CIELOS
Y EN SU EFLORESCENCIA DE CASCADAS
LO BAÑAN MIL ESTRELLAS.

"LUIS FELO"
Seudónimo que utilizaba
el Arquitecto Hernández Mendoza

Mención Honorífica obtenida en el examen profesional

Demostró que era un hombre muy preparado. Para elaborar su teoría de la ARQUITECTURA TÉCNICO, ESCÉNICA Y PSICOLÓGICA, estudió varias carreras:

- INGENIERÍA Y ARQUITECTURA

- CINEMATOGRAFÍA

- PSICOLOGÍA

ESTUDIOS COMPLEMENTARIOS

Terminó la maestría de Planificación en 1967 y recibió la CARTA DE CANDIDATO A MAESTRO EN CIENCIAS CON ESPECIALIDAD EN PLANIFICACIÓN, firmada por el doctor Carlos Wild Altamirano.

Además, hizo estudios relacionados con la pedagogía y la docencia

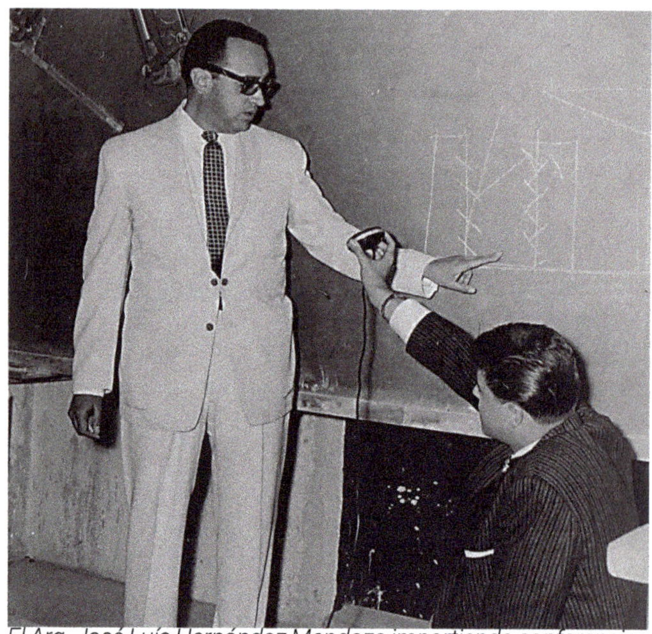
El Arq. José Luís Hernández Mendoza impartiendo conferencias

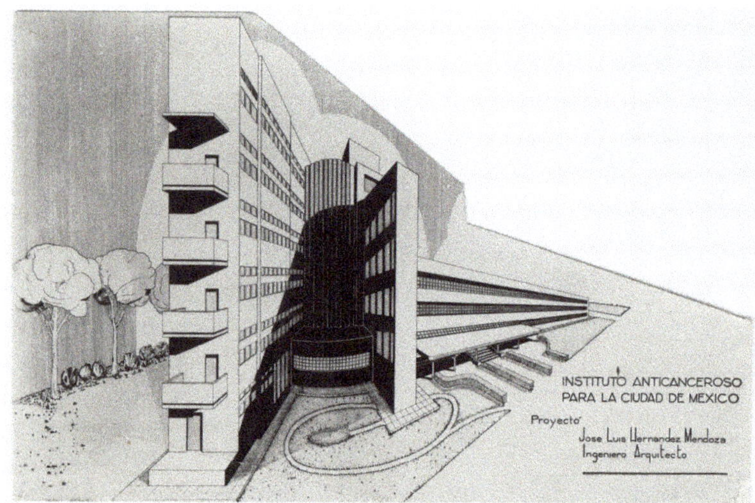

Perspectiva del Instituto Anticanceroso para la Ciudad de México presentada como parte de la Tesis profesional.

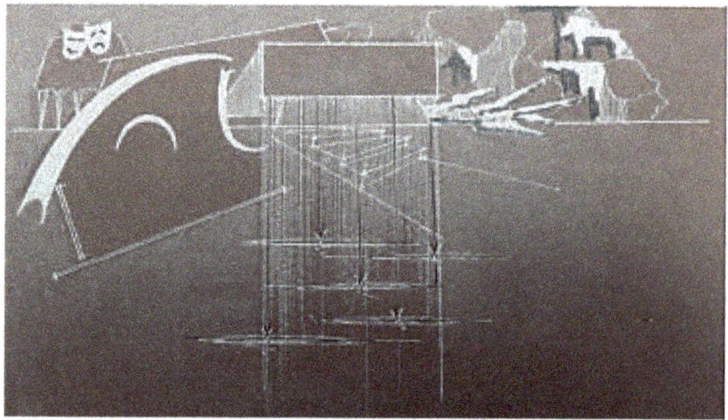
Logotipo Arquitectura Técnico, Escenica, Psicologica

"Las dos máscaras, una sonriente y otra triste, que aparecen en el lado izquierdo superior del dibujo, significan los escenarios (como en el teatro) que el arquitecto crea para que el hombre se desenvuelva y realice todas sus actividades dentro de ellos. La línea curva simboliza el cobijo de todas esas actividades del hombre. Las líneas verticales representan el agua que es la fuente de la vida y el follaje, que aparece en el lado derecho, es la naturaleza a la que debe estar siempre integrada la arquitectura".

TEORÍA DE LA ARQUITECTURA:

TÉCNICO	ESCÉNICA	PSICOLÓGICA
Aplicación de los conocimientos de Arquitectura	Aplicación de los conocimientos de Cinematografía	Aplicación de los conocimientos de Psicología

Aplicación de los conocimientos de pedagogía y docencia para hacer didáctica su teoría

PENACHO

José Luis Hernández Mendoza era hombre que amaba a México y a todo lo mexicano y siempre buscó hacer las cosas de manera diferente. Por eso, presentó ponencias en verso, en congresos de arquitectura y la presentación de su currícula la hizo de manera muy original, siguiendo la forma de un penacho indígena, en el cual, en cada pluma escribió una de las diversas actividades que realizó en su vida.

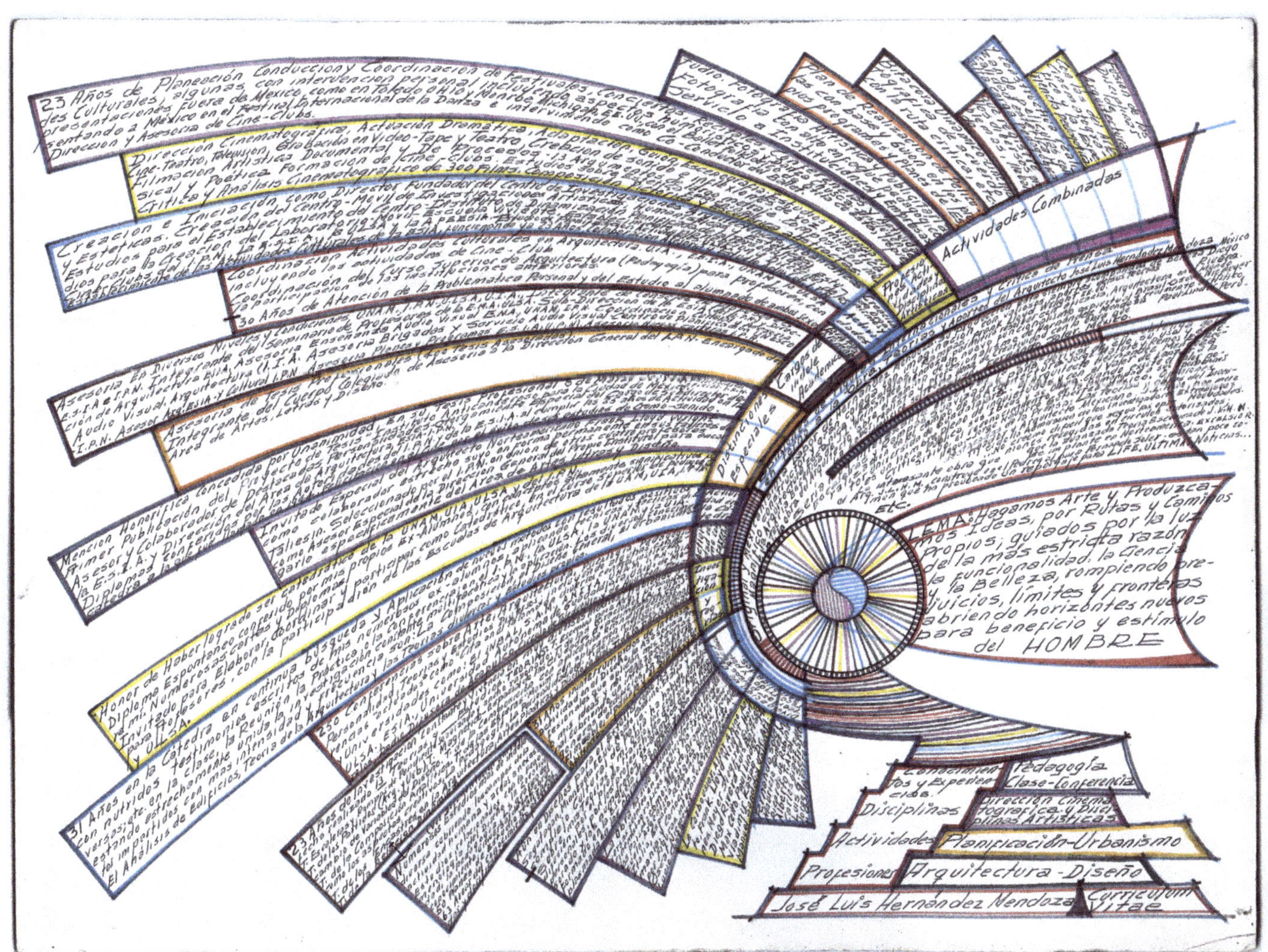

LOS LEMAS QUE ELABORÓ Y QUE SIEMPRE SIGUIÓ EN SU VIDA:

"HACER ARTE Y PRODUCIR IDEAS, POR RUTAS Y CAMINOS PROPIOS, GUIADOS POR LA LUZ DE LA MÁS ESTRICTA RAZÓN, LA CIENCIA Y LA BELLEZA, ROMPIENDO PREJUICIOS, LÍMITES Y FRONTERAS, ABRIENDO HORIZONTES NUEVOS PARA BENEFICIO Y ESTÍMULO DE LA SOCIEDAD, DEL HOMBRE Y DE LA ARQUITECTURA".

"CREAR Y REALIZAR LO QUE TODAVÍA NO SE HAYA HECHO EN ARQUITECTURA Y JAMÁS COPIAR".

OPINIONES VALIOSAS

Muchos personajes importantes, arquitectos, pintores, periodistas, maestros, etc., expresaron lo que pensaban de él. Entre ellos, destacan:

ARQ. FRANK LLOYD WRIGHT

ARQ. OSCAR NIEMEYER (BRASIL)

"Un gran colega con imaginación, constatando la originalidad de sus escaleras y rampas de pendiente suavizada y ancho razonado, así como el valor de su aportación a la arquitectura, con su Teoría Escénica."

"La Teoría de Arquitectura Técnico-Escénica-Psicológica, permite desarrollar efectivamente obras de arquitectura para cualquier país o región en el mundo... con resultados eficaces."

DIEGO RIVERA

ARQ. KENZO TANGE

"Original y mexicanísima labor de este arquitecto, su producto está siempre acompañado de belleza."

"...Felicidades por su teoría".

ARQ. LUIS BARRAGÁN:

José Luis Hernández Mendoza expresaba:

"De Luis Barragán he aprendido la meditación creativa en el proceso imaginativo del proyecto, colaborando con él en la realización de jardines y puentes en la ciudad de Guadalajara, Plaza del Cigarro en el Pedregal y otros proyectos".

DR. ATL. GERARDO MURILLO

"La interesantísima y novedosa Teoría Escénica del Ing. Arq. José Luis Hernández Mendoza se encuentra no sólo plasmada integralmente en su notable obra de la E. S. I. M. E., sino que sobrepasa en su calidad, utilidad y belleza los límites ya más amplios de su teoría y se proyecta hacia el futuro, en el tiempo y en el espacio."

FERNANDO SOLER

"En correspondencia a su estudio, esfuerzo creativo, apego y cumplimiento en la dirección técnica y artística de nuestra obra, le manifestamos que es un exponente fiel de su Teoría de Arquitectura, pues cada una de sus características y condiciones que establece ésta, se encuentran perfectamente logradas."

ARQ. FRANCISCO CARBAJAL DE LA CRUZ

"Con su imaginación y creatividad en la teoría técnico-escénico-psicologica, nos permite buscar el equilibrio entre el individuo integrandose a su habitat".

ARQ. PAUL LINDER

"La obra de la E.S.I.M.E. indica el camino de cómo se podría y debería prolongar el funcionalismo meramente racional, tan común hoy en día, hacia un funcionalismo espiritual y por eso, realmente artístico.".

ING. JORGE MATUTE REMUS

"Será muy interesante observar la experiencia que se realice con sus escaleras y rampas de pendiente suavizada y ancho razonado para derivar de ella la aplicación y generalizar su uso en arquitectura".

PERIÓDICO EXCELSIOR

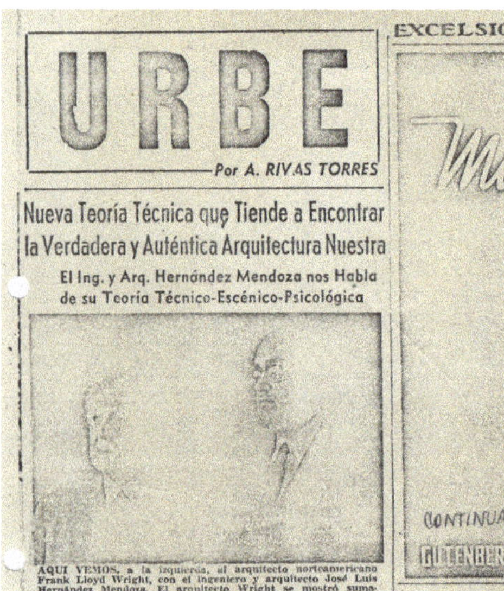
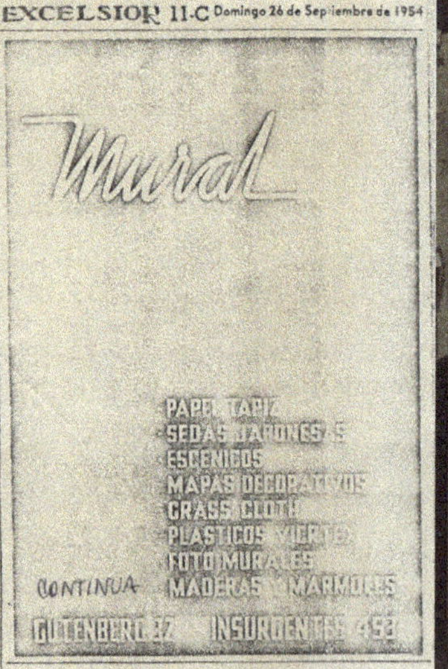

""No creemos difícil que esta novedosa Teoría Escénica de Arquitectura por lo avanzado de sus concepciones se implante en Norteamérica, según algunas opiniones recogidas entre círculos autorizados".

REVISTA LE CORBUSIER

"Es esta teoría en su concepción general, una tendencia constante de superación y conquista de nuevos horizontes en la arquitectura; ni está sujeta a normas o cánones establecidos que perjudiquen su marcha en beneficio del hombre".

REVISTA TODO

TODO

LA MEJOR REVISTA DE MEXICO

NUM. 1091

AGOSTO 5 DE 1954

MEXICO, D. F.

UNA ARQUITECTURA MEXICANA

Por FELIX F. DOMINGUEZ E.

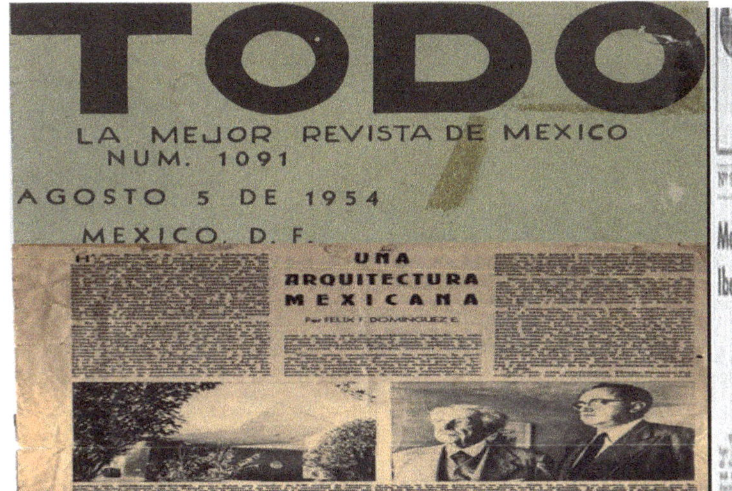

"La obra de la E.S.I.M.E. indica el camino de cómo se podría y debería prolongar el funcionalismo meramente racional, tan común hoy en día, hacia un funcionalismo espiritual y por eso, realmente artístico.".

ING. JORGE MATUTE REMUS

BANCO CONTINENTAL, S.A.

NOVEDADES

EL MEJOR DIARIO DE MEXICO

LA LATINOAMERICANA

MEXICO, D. F., JUEVES 3 DE OCTUBRE DE 1968

Mejor Trato Comercial Pide Iberoamérica a las Potencias

Demanda el fin de las Restricciones al Comercio y a los Préstamos "Atados"

Entró en Sinaloa Otro Ciclón

Balacera Entre Francotiradores y el Ejército, en Ciudad Tlatelolco

Exhorta García Barragán a los Padres de Familia

Datos Obtenidos: 25 Muertos y 87 Lesionados

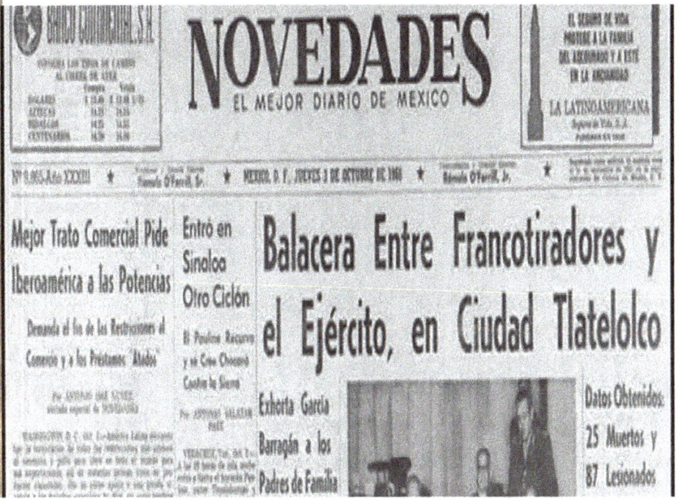

Destacan la importancia, novedad y enfoque que proponia el Arquitecto a traves de la difusión de su teoría Tecnico-Escenica-Psicologica por medio de sus conferencias impartidas.

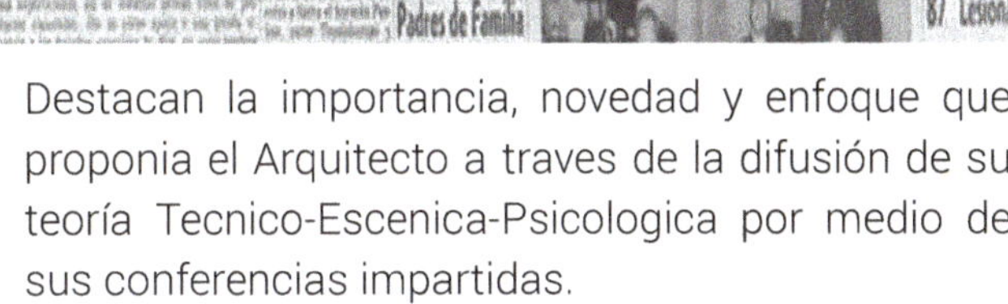

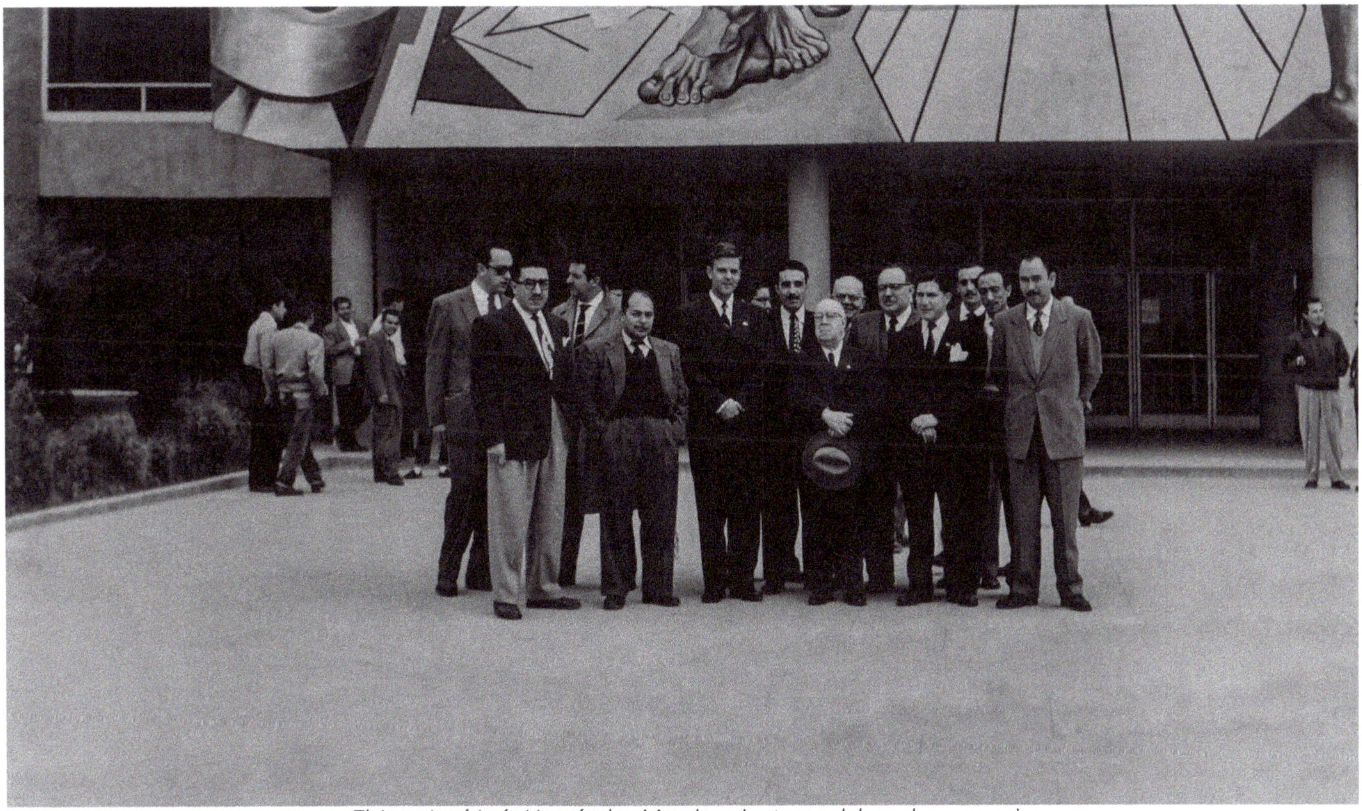

El Arq. José Luís Hernández Mendoza junto a colaboradores y amigos

HERNÁNDEZ MENDOZA SE INTEGRA AL CONTEXTO UNIVERSAL DE LA SIGUIENTE FORMA:

POSITIVISMO
Estilo realizado por ingenieros que buscan nuevos materiales, sistemas y procedimientos constructivos. Se presenta a finales del siglo XVIII y en el siglo XIX. Culmina con GUSTAVO EIFFEL.

→ Estilo arquitectónico con aportaciones constructivas y de diseño estructural de la ingeniería, consecuencia de la **REVOLUCIÓN INDUSTRIAL** (Fin del siglo XVIII y siglo XIX)

ROMANTICISMO
Aparición de los estilos neorrománico, neogótico, neorrenacentista, neobarroco, y muchos otros "neos", como neoprehispánico, neoárabe, etc.

→ Arquitectura del pasado aplicando los nuevos sistemas y procedimientos constructivos

ART NOVEAU Y ART DECÓ
Antonio Gaudí, Víctor Horta, Héctor Guimard, etc.

→ Nuevos estilos que utilizan también los nuevos sistemas y procedimientos constructivos

RACIONALISMO
Peter Berens, Luis Sullivan y los grandes arquitectos norteamericanos de los rascacielos

→ Estilo que utiliza los nuevos sistemas y procedimientos constructivos, racionalizando el diseño. Su manera de diseñar se basa en "LA FORMA SIGUE A LA FUNCIÓN"

ESTILO FUNCIONALISTA
Walter Gropius, Le Corbusier y Ludwig Mies van der Rohe

→ Funcionalidad que convierte los diseños arquitectónicos en "," MÁQUINAS PARA VIVIR"

ARQUITECTURA ORGÁNICA
Frank Lloyd Wright

→ Funcionalidad que convierte los diseños arquitectónicos en, "ORGANISMOS VIVOS"

ARQUITECTURA TÉCNICO-ESCÉNICA -PSICOLÓGICA
José Luis Hernández Mendoza

→ Funcionalidad, que convierte los diseños arquitectónicos en, "ORGANISMOS VIVOS COMPLETOS: FÍSICOS Y PSÍQUICOS". Es decir, de DOBLE FUNCIONALIDAD

¿EN QUÉ CONSISTE LA TEORÍA DE LA ARQUITECTURA TÉCNICO-ESCÉNICA-PSICOLÓGICA?

Está estructurada abarcando los siguientes rubros:

Los Apartados A, B y C de este esquema, que forman la macro-teoría señalada, contienen las siguientes teorías y estudios parciales:

LAS TEORÍAS DEL GRUPO "A"

A1) TEORÍA DE LA ARQUITECTURA TÉCNICO-ESCÉNICA-PSICOLÓGICA.

Es una enorme teoría que también se conoce con el nombre de teoría "Escénica" y, como ya dije, consta de 30 teorías encadenadas y de acuerdo a un artículo publicado por el propio Hernández Mendoza en la revista ELEVACIÓN, Nº 1, de 1971. Consiste en lo siguiente:

"Es una arquitectura que revoluciona el concepto de la estructuración del espacio conocido hasta la fecha; para dar paso a otro nuevo, pleno de funcionalismo integral y de un SEGUNDO FUNCIONALISMO: el funcionalismo psicosomático que atiende no sólo el aspecto material, sino el importantísimo, complejo y olvidado funcionalismo espiritual, del que mucho se ha hablado y se habla, pero que queda sólo en literatura y no se realiza, ni mucho menos se ha hecho un sistema y una metodología. De esta forma, en esta arquitectura se forjan espacios de doble funcionalidad: física y psíquica".

Hernández Mendoza en una de sus conferencias

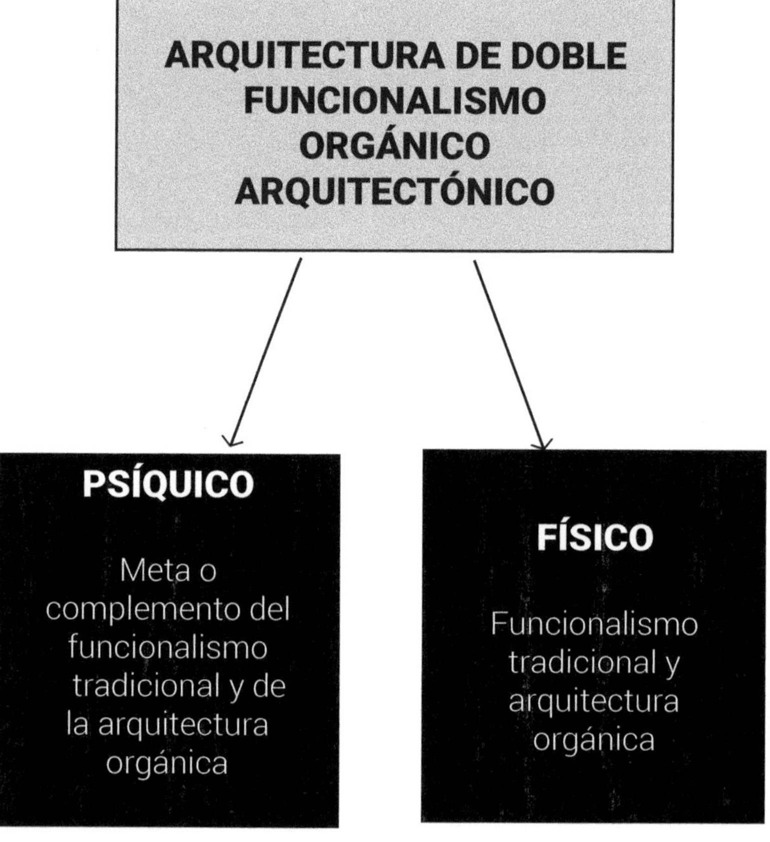

A2) TEORÍA DE LA ARQUITECTURA Y EL DISEÑO PROSPECTIVO.

Esta teoría incluye los siguientes temas:

EL ESPACIO

- 1 ESPACIO CÓSMICO, sus diversos fenómenos y características que afectan al ser humano.
- 2 EL ESPACIO HABITABLE como una parte infinitesimal del espacio cósmico.
- 3 EL ESPACIO ARQUITECTÓNICO. Características y condiciones para tener tal categoría.

EL HOMBRE

- 4 EL HOMBRE USUARIO DEL ESPACIO ARQUITECTÓNICO. Sus múltiples características y demandas antropométricas, biológicas, psicológicas, sociológicas, etc.
- 5 EL HOMBRE EN MOVIMIENTO y la ergonometría.
- 6 EL HOMBRE Y SUS DEMANDAS DE DESPLAZAMIENTO ESPACIAL: mobiliario, equipo, maquinaria, instalaciones, estructura, etc.

LA COMPOSICIÓN ARQUITECTONICA

- 7 EL ARQUITECTO y la necesidad de aprovechamiento del espacio.
- 8 EL PROCESO COMPLEJO de la composición arquitectónica.
- 9 CARACTERÍSTICAS QUE SE DEBEN FOMENTAR EN EL ARQUITECTO para su quehacer en lo individual y su conciencia social.
- 10 DISQUISICIONES Y CAMPOS, en derredor de la teoría, la composición arquitectónica, el diseño, etc.
- 11 EL PROCESO MENTAL EN LA ACTIVIDAD DEL ARQUITECTO, que toma plena conciencia de su que hacer:

Collage artístico de JLHM elaborado por la Arq. Yetlanetzi Alicia Martínez Barajas, extraido de la tesis de la UNAM

El espacio donde habita el hombre debe sujetarse a las necesidades, tanto físicas como psicológicas de su personalidad y a su función específica para la cual está designado.

Cada espacio lo consideramos en general formado por seis planos: piso, techo y cuatro muros, siendo el piso la base, cuya forma debe obedecer a la función específica, es el plano generador sobre el que se colocan los demás, como planos envolventes que resguardan y protegen del sol y otros elementos de la naturaleza y a la vez limitan y restringen las vistas del exterior al interior, pero que a su vez permiten, en forma controlada y planeada, los beneficios del sol, el aire y de las vistas del interior hacia el exterior.

Los espacios al agruparse forman una unidad para su mejor funcionamiento, lo que constituye el partido general. Cuando esa unidad es lógica y su calidad garantiza que todas las funciones que se llevan a cabo son óptimas, de acuerdo al plano base generador de todos ellos (locales agrupados), se puede pensar en la envolvente de todos ellos, así como en la estructura que puede colocarse por el interior o el exterior o en forma combinada. Debe darse por hecho que las ventanas y puertas son los elementos de comunicación o enlace, tanto del interior como de este con el exterior, y su posición, dimensiones y altura deben corresponder tanto a la antropometría como al equipo, mobiliario, instalaciones, ubicación solar, orientaciones, dirección de vientos dominantes, etc.

Ilustración de la Casa Fernando Soler y Sagra del Río.

Autora: Arq. Yetlanetzi Alicia Martínez Barajas, extraido de la tesis de la UNAM

A3) TEORÍA DE LA COMPOSICIÓN ANALÍTICA Y DISCIPLINAS COMPLEMENTARIAS.

Con aplicación omnidireccional.

El Ing. Arq. José Luis Hernández Mendoza basaba toda su Teoría de la composición en:

La pregunta aquí es ¿Qué haríamos si tuviéramos que hacerle un proyecto arquitectónico a distintas personas de distintos orígenes, educación y personalidad? Ponía como ejemplo a personajes tan notables y diferentes como el artista del Renacimiento Miguel Ángel o el pianista del siglo XIX Franz Liszt. Este último tuvo tres etapas muy diferentes en su vida: primero estudioso de piano y maestro con muchos discípulos; segundo, el gran pianista que impresionaba a todo el mundo con su gran técnica pianística y sus composiciones y, tercero, con gran misticismo porque se hizo sacerdote. ¿cómo le proyectaríamos su casa para cada etapa de su vida?

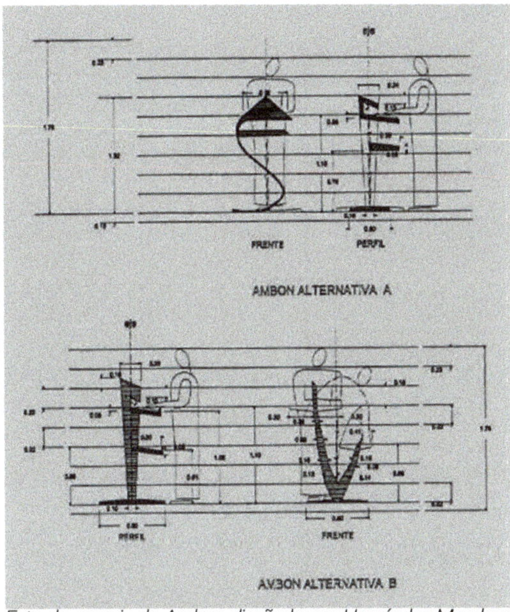

Foto de croquis de Ambon diseñado por Hernández Mendoza para iglesía Emperatriz de América

Foto de mueble diseñado por Hernández Mendoza para residencia El Barco

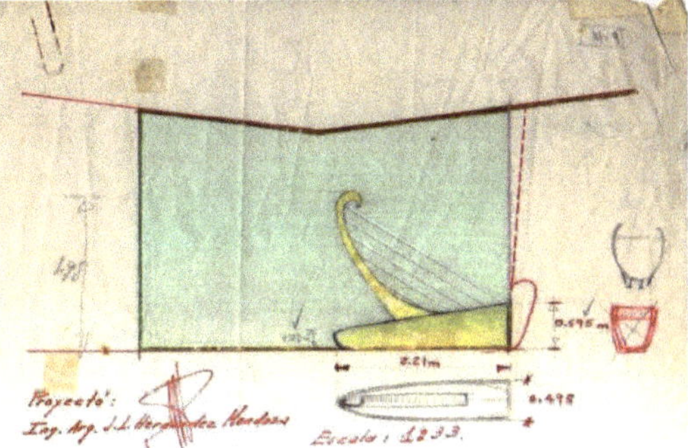

Foto de croquis de mueble diseñado por Hernández Mendoza para residencia El Barco.

A4) TEORÍA DEL APRENDIZAJE

Para dominar todas las materias expuestas en la teoría anterior, el ingeniero-arquitecto debe prepararse no sólo para ser un profesional con conocimientos completos de ingeniería y arquitectura, sino también para convertirse en un ser:

AUTÓNOMO	Que decide por sí mismo, sin depender de nadie
AUTOGESTIVO	Que hace todo lo necesario para lograr sus propias metas
AUTOCRÍTICO	Que se enjuicia de manera constante a sí mismo, con la finalidad de mejorar su forma de hacer las cosas
PROPOSITIVO	Que no sólo se autocritique en forma constante, sino que sugiera, aporte y proponga ideas nuevas y positivas, en una sana dialéctica
CON LIBERTAD PARA EXPRESARSE	Todo lo anterior no tendría sentido si no se puede ejercer el noble derecho humano de poder expresarse

A5) TEORÍA DE LA PERSONALIDAD.

En la figura I se ve una "AMIBA DE LA PERSONALIDAD" en la que aparecen enlistadas las características físicas, culturales, de personalidad, de gustos, de diversas actividades, etcétera, así como aspectos y cualidades morales, éticas y demás de una persona. Este listado seguramente lo elaboraba en cada caso el Ing. Arq. Hernández Mendoza, de acuerdo a lo que deseaba saber del individuo que iba a conocer y estudiar.

En la figura II se representa hacia abajo la forma de estudiar la AMIBA y hacia arriba la aplicación del estudio para hacer un proyecto.

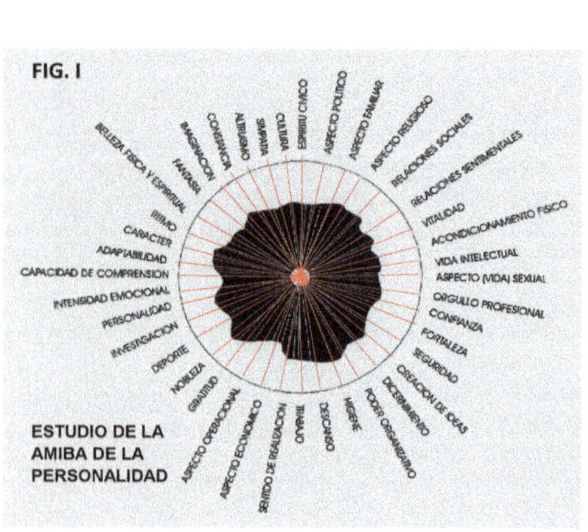

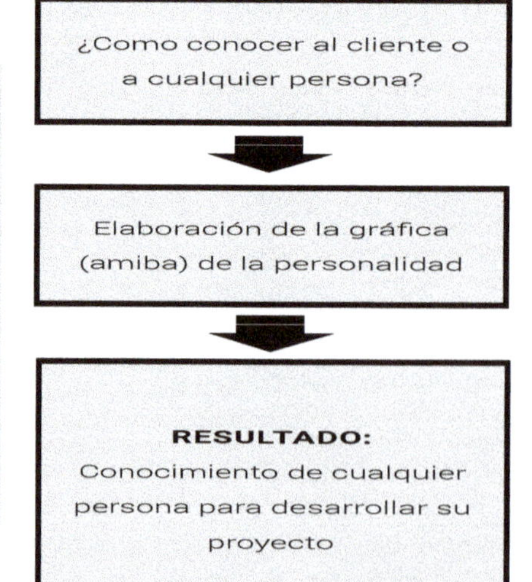

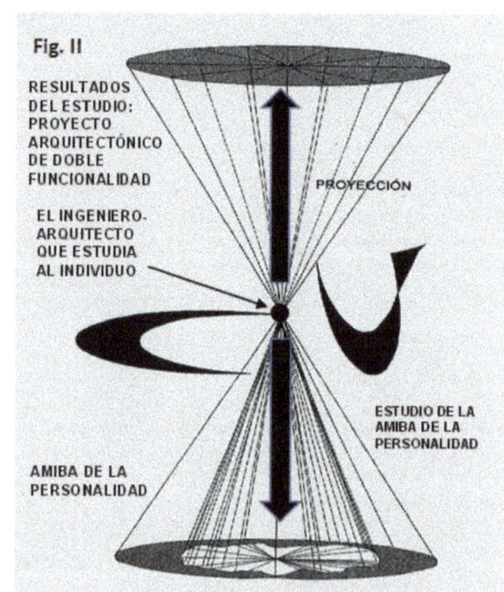

A6) TEORÍA DE LA RELACIÓN Y ENRIQUECIMIENTO DE LA PERSONALIDAD.

El objetivo principal de esta teoría, no sólo es conocer a otros individuos (clientes), sino también, que las personas se conozcan a sí mismas, y así, cada quien pueda encontrar sus propias fallas y tenga la oportunidad de corregirse. De esta manera, habiéndolo logrado, pueda, a su vez, mejorar sus relaciones con los demás. Ejemplo que hizo uno de sus alumnos:

CUALIDADES AUTOANALIZADAS

1	Coraje	17	Audacia
2	Honradez	18	Valor
3	Deporte	19	Salud mental
4	Alegría	20	Cortesía
5	Aceptación de lo nuevo	21	Altruista
6	Trabajador	22	Optimista
7	Social	23	Idealista
8	Sensibilidad	24	Decisión
9	Polifacético	25	Aventura
10	Cultura	26	Ingenio
11	Civismo	27	Dominio propio
12	Nobleza	28	Sexualidad
13	Amor	29	Salud corporal
14	Formalidad	30	Espiritualidad
15	Fortaleza física	31	Ahorro
16	Tenacidad	32	Lectura

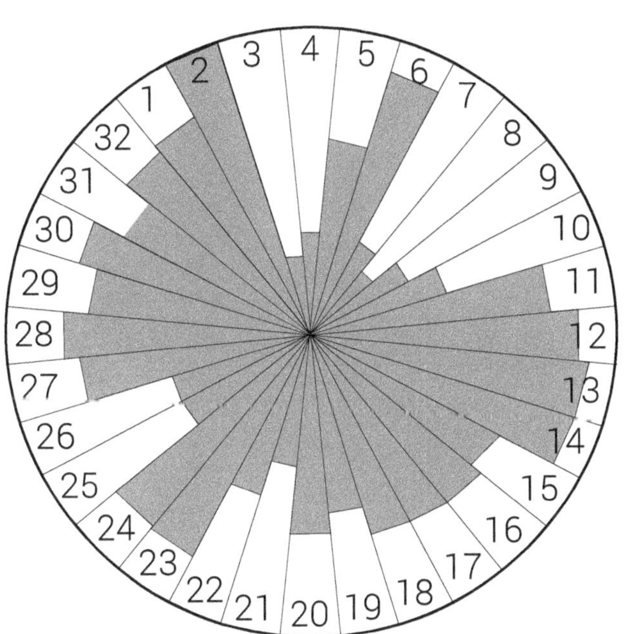

DEFECTOS PRINCIPALES:

3	Poco deportista
4	Poca alegría
7	Poco social
8	Poco sensible
9	Poco polifacético
10	Poca cultura
21	Poco altruista
22	Poco optimista
25	Poco espíritu de aventura
26	Poco ingenio

PROCEDIMIENTO PARA MEJORAR:

Destinar un tiempo mínimo y constante para hacer deporte. Olvidarse de los problemas para ser más feliz. Dar cabida a todo aquello que lo obligue a ser más social. Procurar ser más sensible a los problemas de los demás. Tratar de conocer más sobre otras disciplinas y profesiones para enriquecerlo técnica y culturalmente. Ser más altruista y optimista. Desarrollar el ingenio y dominarse más. Tener espíritu de aventura para adquirir experiencia en todos los aspectos de la vida. Promover la lectura.

A7) TEORÍA DE LAS ESFERAS "MAXIM I" CON APLICACIÓN MULTIDIRECCIONAL

(Aspectos creativos, la pedagogía y la personalidad).

AL NACER, hereda antecedentes psicobiológicos. Está representado con el círculo al centro del esquema, dividido con una línea ondulada en dos partes íntimamente relacionadas: la corpórea "c" y la espiritual "e". Los demás círculos concéntricos representan el consciente, el subconsciente y las terceras ideas, etc.

Durante toda su vida es **BOMBARDEADO** por sensaciones y estímulos espirituales y materiales que incluyen experiencias, conocimientos, afectos... positivos y negativos.

Las flechas en el esquema, indican la **INTENSIDAD** de ese bombardeo, lo que finalmente permite al hombre tener **IDEAS**

El RESORTE DISPARADOR en el centro del círculo puede entrar en acción que puede ser hacia adentro o hacia afuera: hacia adentro indica concentración; hacia afuera indica realización o que el individuo está en actitud de **EXTERNAR IDEAS.** Puede ser considerado como el resorte vital que a través de la voluntad impulsa al individuo a la acción.

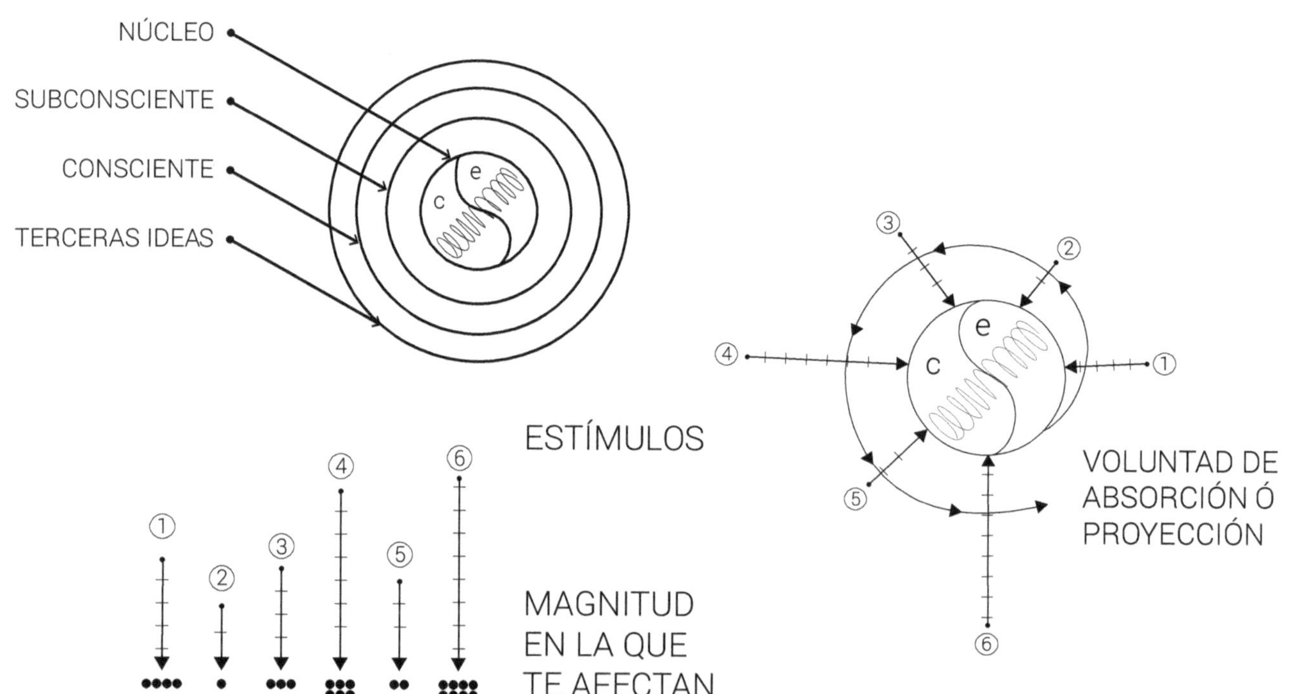

A8) TEORÍA DE LAS ESFERAS "MAXIM II" CON APLICACIÓN MULTIDIRECCIONAL.

Para explicar esta teoría, el Arq. Hernández Mendoza utilizaba la gráfica presentada en la teoría anterior, pero agregando un círculo anexo que representa: **EL MEDIO ADECUADO,** necesario para que las ideas creativas florezcan o se puedan dar o realizar.

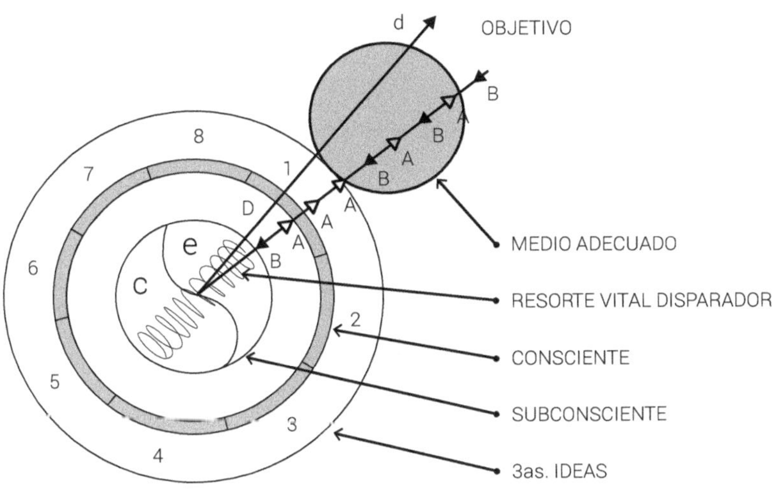

SIMBOLOGÍA

c = PARTE CORPÓREA DEL HOMBRE.

e= PARTE ESPIRITUAL DEL HOMBRE.

B= REFLEJO DE LA MALLA DEL SUB-CONCIENTE SOBRE LA PANTALLA DEL CONSCIENTE.

D= ASOCIACIÓN DE LOS REFLEJOS DE LA MALLA DEL SUB-CONSCIENTE CON EL COLOR Y DIBUJO DEL CONSCIENTE. ESE REFLEJO O SUCCIÓN, AL INTEGRARSE A TRAVÉS DE UNA SUCESIÓN DE IMPULSOS, FORMARÁN LA RESULTANTE (LETRA "d"). ESTA RESULTANTE CONTENDRÁ UNA POSIBLE SOLUCIÓN DE NUESTRO TRABAJO CREATIVO.

EXPLICACIÓN DEL ESQUEMA:

Entre nosotros y el objetivo hace falta la operación de extraer; y esa operación es indispensable que se haga en un medio adecuado. La parte corpórea y la espiritual ("c" y "e") en el esquema, son un complemento una de la otra, pudiendo influir el cuerpo en el espíritu y el espíritu en el cuerpo; de ahí el hecho de que estén esquematizados dentro de un mismo círculo (el del subconsciente).

El medio adecuado a que se refiere esta teoría tiene dos aspectos importantes:

A Las características que debe reunir un proyectista.

Todo proyectista, antes de empezar su acto creativo, debe entrar en un estado anímico que tenga las siguientes características:

1 Estar en reposo físico, anímico y con tranquilidad interior.
2 Cuidar el ritmo de sus movimientos.
3 Estar cómodo, descansado y despejado mentalmente.
4 Evitar interrupciones durante el acto creativo, propiciando siempre la continuidad en el desarrollo de las ideas.

B Las características del espacio de trabajo, antes de iniciar el proceso del acto creativo.

El proyectista debe cuidar su area de trabajo con las siguientes características:

Se debe contar con un espacio exclusivo de trabajo con iluminación adecuada. El espacio debe contar con el mobiliario, herramientas e instrumentos necesarios. Es recomendable estar en contacto con la naturaleza. En general todo aquello que permita estar en condiciones óptimas de comodidad y confort.

A9)   TEORÍA DEL ANÁLISIS DEL DESARROLLO DE LAS IDEAS.

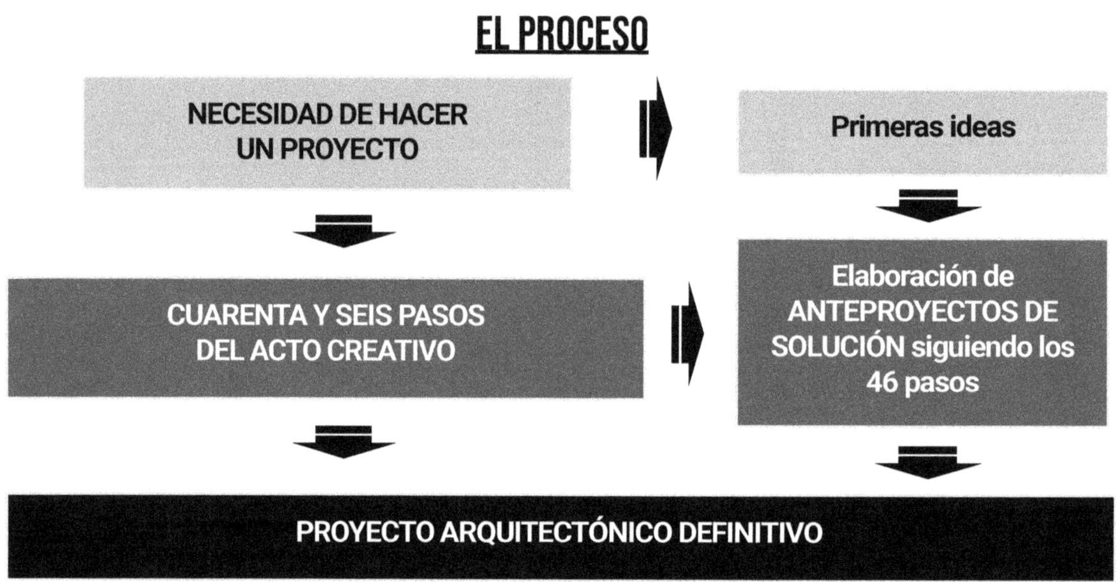

LOS CUARENTA Y SEIS PASOS DEL ACTO CREATIVO

1. **Punto de partida o arranque en "hacer nada".**

   El punto de partida de las ideas en torno a la creación de espacios es de dos tipos:

   a) El arranque espontáneo, que no necesita predisposición, ni que nuestro yo interior nos diga "voy a comenzar a pensar en torno al espacio". La idea viene de pronto y por sorpresa.

   b) El arranque encauzado y obligado que necesita de una disposición especial que nos lleve a desarrollar una idea determinada (crear un espacio). Es importante que los factores que influyen en la disposición, tales como ambiente o estado de ánimo, sean propicios.

   Es necesario aclarar que cuando tomamos el punto de partida como "el no hacer nada", no nos estamos refiriendo a que antes de comenzar con una idea tengamos la mente en blanco; lo que queremos decir es que sea parte de un punto cero; del no hacer nada, en relación a la actividad mental específica de comenzar cada idea en torno a crear un espacio. Pero desde el punto de vista de actividad física (no mental), sí es verdad que estamos en "el no hacer nada", pues cuando nos viene una idea no estamos haciendo una actividad física que sea consecuencia de esa idea.

   En relación a este punto se encontró un apunte en el mismo archivo con los siguientes pensamientos:

   "El punto de partida es aquel en el que despojándose de toda idea se llega prácticamente a la inactividad completa".

   "Como el nadador cuando dejando de bracear y de mover los pies hace flotar su cuerpo libremente en el agua".

2.   **El proceso de realización implica el hacer algo.**

Desde el momento que comenzamos la idea en la mente, esta se vuelve activa, ya que trata de llegar a la culminación de la misma y, entonces, pasamos de no hacer nada al estado activo de hacer algo.

3   **El hacer algo motiva un cambio y lo origina la voluntad.**

Pero ese hacer algo no es sólo mental, pues la idea nos motiva a un cambio de actitud, originado por la voluntad de llevar dicha idea de crear un espacio, a la realidad.

4   **Dentro de la economía humana, el hombre inteligente no debe hacer "algo" sin justificación inteligente.**

El cambio de actitud que nos lleve a hacer algo no resulta eficaz si se parte de una idea que no fue buena, que fue poco reflexionada o quizás ilógica. Cuando no hay una justificación segura de lo que se hace, se juega a la suerte, donde el hacer algo puede resultar impráctico, en balde o desastroso. Lo más práctico, es que todo cuanto se haga tenga una buena justificación.

5.   **La justificación inteligente la forman los objetivos.**

La justificación sólo es inteligente si el motivo que nos lleva a desarrollar una idea se basa en un objetivo importante para nuestra vida (puede ser crear un espacio que nos resulte confortable), pero muchas veces se realiza ese algo sin justificación explicable, sólo por presentimiento (aunque lo más probable es que sí hay una justificación, pero muy inconsciente), logrando que ese algo, sea de algún modo un buen resultado. Por tanto, no considero que la justificación inteligente sea obligatoria para llegar a nuestro objetivo.

6.   **Para realizar en forma inteligente se requiere conocimiento diáfano de los objetivos.**

Si se vislumbran claramente los objetivos, si se sabe que es lo que se quiere lograr, o a dónde se quiere llegar (si tenemos la idea de cómo es el espacio que se quiere crear), seguramente se logrará algo bueno, eficaz, útil y estético.

7.   **Los objetivos deben estar basados en una necesidad material o espiritual.**

Cuando creamos un espacio, debemos tener como objetivo de dicha acción, tratar de satisfacer las demandas espirituales o materiales de nuestra vida diaria, o las actividades que éstas nos imponen, de lo contrario, si se crea un espacio por capricho, sólo por no dejar, lo creado puede resultar inútil.

8.   **La necesidad se descubre al través de una investigación.**

La necesidad espiritual o material de crear un espacio se descubre a través de la investigación de nuestra actividad cotidiana que requiere soluciones espaciales y éstas en ocasiones, se resuelven generando a su vez, nuevas necesidades.

9.   **La necesidad también se detecta a través de la experiencia y se orienta por una imaginación prospectiva (mirar hacia el futuro).**

Las necesidades las conocemos por nuestro diario vivir. Al proyectar un espacio que satisfaga dichas necesidades, debemos idearlo también para que solucione los problemas espaciales que pensamos surgirán en un futuro próximo.

10. **El producto de la investigación multiforme arroja campos de demanda, indica la diversificación así como la cuantificación (desde los puntos de vista tanto cualitativo como cuantitativo) y son los puntos de apoyo para estudios posteriores inmediatos o a largo plazo.**

Cuando investigamos cómo resolver la necesidad espacial nos damos cuenta que surge todo un campo nuevo de necesidades de diferentes tipos, siendo precisamente en estas nuevas necesidades en las que basamos nuestra investigación, sin perder de vista el objetivo inicial de solucionar la primera necesidad espacial, origen de todo el problema.

11. **El producto que por lo pronto se detecta, debe cubrir los campos de la arquitectura, el diseño y la comunicación.**

Todo el campo de nuevas necesidades a satisfacer son en su mayoría una serie de problemas de tipo constructivo y de proyecto. Pero puede haber también otros como el económico.

12. **Se deberá concebir su punto de partida, dentro de una meta común, visualizando sus aspectos pedagógicos, científicos, artísticos, tecnológicos y humanísticos, con su utilidad respectiva y las entidades que confluyen en la solución deben fundirse en una síntesis plástica.**

Para llegar a la solución de la necesidad espacial, se deben considerar los aspectos arriba mencionados, para que el proyecto se elabore de tal modo que en determinado caso pueda cambiarse sin perder su esencia.

13. **Como coparticipantes del diseño deben cofraternizar sus requerimientos los distintos usuarios de dicho diseño, los diferentes técnicos que lo realicen y el autor de dicho diseño.**

Aunque sí se requiere un acuerdo entre las personas que intervienen en la realización del proyecto, las voces que más valen son las del usuario y la del autor del diseño. Al técnico le corresponde sólo llevar a la realidad el proyecto.

14. **El arquitecto o diseñador fungirá como elemento guía en las soluciones, siendo a la vez el crisol de forja del que saldrá la solución plástica óptima.**

El diseñador sólo dará una solución al problema estético. El arquitecto es la persona más indicada para solucionar las necesidades espaciales, pues está capacitado para crear satisfaciendo todos los requerimientos, atendiendo además todos los aspectos, ya sean psicológicos, espirituales, constructivos, de reglamento, estéticos y de funcionalidad.

15. **Para esa responsabilidad, el arquitecto o diseñador debe tener una alta preparación en conocimientos y disciplinas multidireccionales.**

Al considerar los diferentes aspectos que habrán de ser satisfechos, el arquitecto o diseñador debe tratar de solucionarlos atendiendo a un orden de importancia, haciendo antes que nada un análisis. Por otro lado, para dar mejores soluciones el propio diseñador debe enriquecer constantemente su propia personalidad, preocupándose por incrementar sus conocimientos teórico-prácticos que coadyuven a este fin.

16. **De acuerdo con los conceptos anteriores hay necesidad de convertirlos en un objetivo que puede ser un producto material o en un hecho intelectual.**

Esa necesidad es de nuevo un producto, resultado de una información, de una investigación   o de una vivencia que se da en tiempos y espacios diferentes con o sin intervalos (Producto que se da en una sola emisión o en partes, según sea el estado en el que se encuentra la persona).

17. **Análisis de lo investigado como producto natural de la "vivencia" (producto nada forzado).**

De todo lo investigado tomaremos sólo aquello que nos sirva para el espacio en estudio de un modo lógico y claro, que no complique al proyecto o lo haga rebuscado.

18. **Síntesis de lo investigado con vivencia de mayor fuerza.**
Se debe concentrar el conocimiento producto de la investigación para que al aplicarlo, no se tenga que buscar entre un mundo de conocimientos dispersos en la mente, sino saber qué debemos aplicar de nuestro conocimiento.

19. **Programa jerarquizado de necesidades, tomado en sentido masivo o como unidad determinada.**
El programa jerarquizado nos permite solucionar de una forma óptima –y antes que nada– las necesidades más apremiantes y más comunes de una comunidad.

20. **Programa jerarquizado de recursos, tomado en sentido masivo o como unidad determinada.**
La jerarquización de los recursos es también muy importante para saber, en determinado momento, con qué materiales contamos y cuál es el apoyo económico. Como vemos, este análisis debe ser antes del proyecto, pues debemos considerar para qué tipo de personas se destinará.

21. **Una vez que se tiene lo investigado, se debe realizar el esquema de funcionalidad.**
Este esquema implica las ligas entre los diferentes espacios.

22. **Síntesis mental (visión imaginativa) de conjunto o de detalle, con sus demandas específicas aún en formas confusas (ideas vagas y/o generales).**
Es obligación de quien hace un proyecto de un espacio, verlo en la mente e imaginarlo tal como quiere que sea, para llegar a una mejor solución.

23. **Síntesis subsecuente hasta llegar a ver claramente y en forma perfecta las características del producto.**
La visión mental del espacio a proyectar, se va perfeccionando con determinadas características que nos indican la mejor solución. Sobre esta idea se trabaja y detalla cada vez más.

24. **Abstracción completa del creador, gestando una idea, formando el medio adecuado con características de comodidad, confort, estímulos visuales, acústicas, táctiles, olfativas y gustativas, quietud, aislamiento físico y aislamiento psíquico de problemas ajenos al trabajo creativo que deberán alternarse con descanso.**

A la hora de proyectar se debe buscar que todos los factores arriba mencionados se cumplan, pues de no ser así, lo único que se logrará es perder el tiempo o llegar a malos resultados. Aunque esto no es una regla, es sólo lo mejor, ya que en muchos casos – por ejemplo cuando el tiempo apremia– sí se logran soluciones óptimas aún sin que se cumplan los factores anteriores.

25. **Perseguir con naturalidad la captación de la idea (no forzarse nada).**
La mente debe elegir el camino hacia la solución, buscando e intentando nuevas soluciones sin encerrarse en una idea.

26. **Apoyarse en un proceso de estímulos vivenciales.**
Podemos ayudarnos de experiencias reales y espirituales que nos ayuden a encontrar la solución satisfactoria. Por ejemplo, si el espacio a crear es en el campo, podemos ayudar a la mente trasladándonos al campo para vivir en el lugar donde se hará el proyecto.

27. Sesiones sucesivas de búsqueda y encuentro, con la imagen cada vez más clara con croquizados intermedios o dibujos de la idea, alternados con sesiones de descanso.

Cuando se termina la sesión imaginativa y una vez acotado el croquis dibujado, grabado, etcétera, en cada una de las etapas o impulsos creativos y los croquizados subsecuentes, producto de la visión imaginativa en su más alto grado de fantasía que fecunda la imaginación o viceversa, se harán análisis y autocríticas, pero sin romper o ir en contra de la idea original, aunque sí con la mente abierta a mejorarla. El proceso indicado es lo que todos los arquitectos o diseñadores deben hacer al proyectar, ya que algunos de los errores más comunes son: continuar con la idea aunque se experimente fastidio; encerrarse en una misma idea todo el tiempo quitándole posibilidad de mejoría; no croquizar y engañarse diciendo que el resultado fue el óptimo, sabiendo que sinceramente se pudo llegar a algo mejor.

28. Afinamiento de la primera imagen.

La perfección de las ideas espontáneas es necesaria, porque de una de ellas puede surgir la solución.

29. Enriquecimiento de su contenido.

Cuando se cree que ya se tiene la solución se deben dar los últimos detalles y hacerle cambios. Esto ayuda a lograr una mejor solución.

30. Elaboración de un croquis y rápido bosquejo.

Para tener una mejor imagen del desarrollo de la idea, desde su inicio hasta su perfeccionamiento, es muy buena la sugerencia de croquizar, pues viendo las diferentes soluciones se puede cambiar totalmente la decisión final y elegir una idea inicial o de plano cambiar de idea.

31. Análisis de lo obtenido o eliminación de la idea si no es funcional.

Debemos tener el suficiente criterio y la suficiente madurez para aceptar que el proyecto no funciona; o que funciona pero no es el ideal. El análisis nos sirve porque tomamos lo mejor y desechamos lo que no sirve, y así por lo menos ya tenemos con qué comenzar.

32. Empezar a crear otra idea de nueva cuenta y seguir el proceso.

Hacer el intento de llegar a la misma solución, aplicando nuevas formas y diferentes distribuciones, aplicando lo funcional de la anterior idea.

33. Enriquecimiento de la idea y de croquizado.

Agregando nuevos elementos para tratar de mejorar la idea y elaborando croquis de cada intento, podemos concluir si visualmente es buena o mala.

34. Nueva idea o imagen como punto de partida (idea o imagen).

Lo que se tiene que hacer al llegar aquí, es tratar de proyectar con una idea definitiva de la cual se derivará el resto del proyecto.

35. **Enriquecimiento de su contenido.**
Ya con la experiencia de ideas anteriores se puede enriquecer el proyecto en lo funcional y estético, decidiendo qué es lo más adecuado.

36. **Nuevos impulsos creativos hasta que no sea posible obtener mayor riqueza sin forzarla.**
Podemos hacer más pruebas para tratar de mejorar la idea, siempre y cuando no se modifique lo ya aceptado y se recomienda no meter ideas, por muy buenas que sean, donde ya no caben.

37. **Nuevo croquizado vaciando en el dibujo todo el contenido de la nueva visión, imagen o idea (completas).**
Aquí conviene tratar de hacer un buen croquis para ver cómo se ve el proyecto, cómo funciona y percibir mejor los espacios libres, medidas, proporciones y detalles.

38. **Descomposición de la masa en sus componentes.**
Esto se hace para visualizar cómo se ve cada parte del espacio y cómo funciona. Sirve para aceptar o corregir.

39. **Diversificación o nueva descomposición de sus componentes en volúmenes tributarios (elementos de un contenido).**
Con el fin de conocer las medidas de cada espacio descomponemos el espacio total. Esta descomposición sirve para hacer o intentar nuevas distribuciones.

40. **Asociación de los grandes componentes de la masa total.**
Hacer diversos ensayos visualizados en la imaginación o en croquis, asociando las partículas alrededor de los componentes. Aunque ya se tenga una idea del proyecto, es muy recomendable hacer nuevos ensayos, porque puede surgir otra idea mejor.

41. **Análisis de la asociación mayor (o sea, análisis del conjunto).**
Ahora se ve la conveniencia de la nueva asociación; considerando ventajas y desventajas; si funciona mejor o no; si es estético y útil.

42. **Refinamiento y reafirmación de su aglutinamiento y asociación.**
Revisión nuevamente de que haya un total funcionamiento del proyecto.

43. **Modelamiento de las esferas o espacios con sentido utilitario.**
Revisión de las dimensiones tomando en cuenta zonas de descanso, íntimas, de paso, de juego, de alimento, para así dar medidas apropiadas sin desperdicio de espacio.

44. **Remodelación de los volúmenes en sentido estético.**
Ahora se modifican los volúmenes atendiendo a la imagen estética que pueda irradiar, sin olvidarse de las medidas reglamentarias.

45. Remodelación de los volúmenes con sentido estático
Es muy importante este punto pues debe cuidarse el aspecto estructural, el cual puede hacer que hagamos unas cuantas modificaciones en las dimensiones de los volúmenes.

46. Búsqueda del equilibrio del conjunto y articulación del mismo.
Por último, se debe buscar la integración del proyecto al medio, considerando la arquitectura del lugar, zonas verdes, color, texturas, zonas iluminadas o en sombra.

Collage artístico de JLHM elaborado por la ARQ. Yetlanetzi Alicia Martínez Barajas, extraido de su tesis de la UNAM

A10) TEORÍA DE LOS PROCESOS CREATIVOS POR EL MÉTODO DE LOS ESTÍMULOS VIVENCIALES

(Métodos creativos en la arquitectura y en diversas disciplinas artísticas).

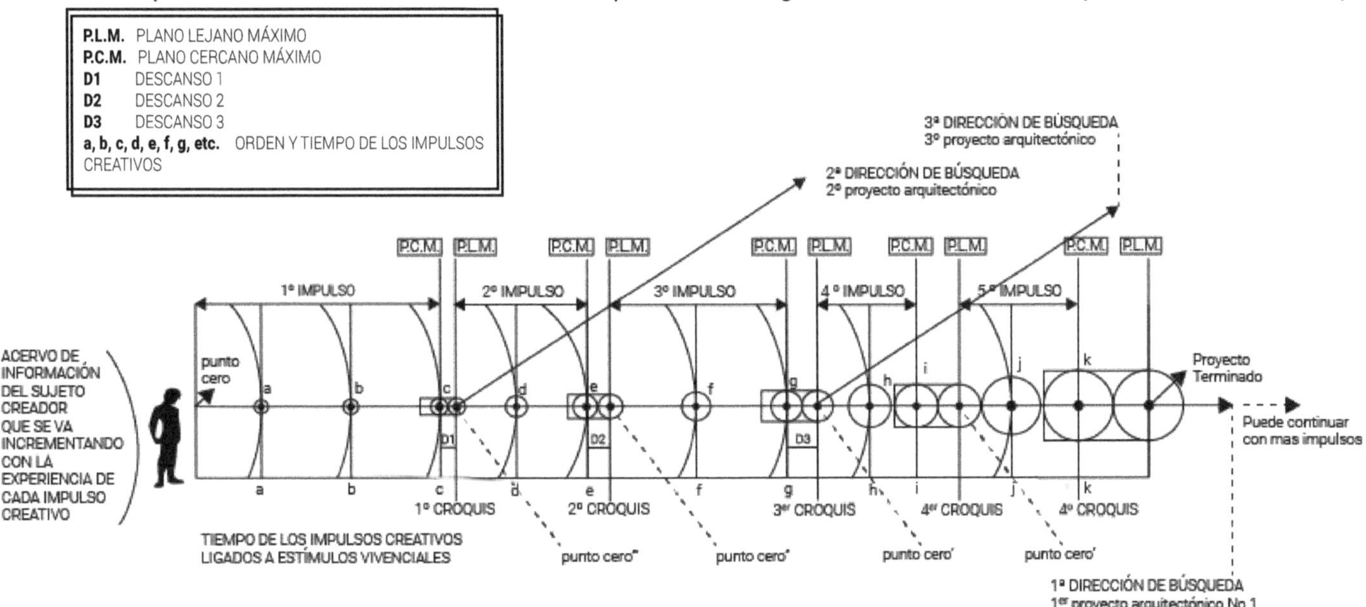

TODO ESTO SE PUEDE SINTETIZAR EN LA FORMA SIGUIENTE:

NECESIDAD SOCIAL QUE ORIGINA UN PROYECTO ARQUITECTÓNICO

DESEO DE SOLUCIONARLO

Debiendo haber, en quien lo proyecta, placer, voluntad, disposición anímica, despreocupación, concentración, memoria, inteligencia, quietud interior, comodidad, fantasía, inspiración, imaginación...

CREATIVIDAD

Con base en conocimientos de diseño arquitectónico (ver teorías del grupo "B") y de ingeniería (estructuras, materiales, sistemas y procedimientos constructivos), se puede llevar a cabo el proceso creativo, alimentado con estímulos vivenciales.

EL MEDIO ADECUADO

RESULTADOS (Fin del Proceso)

LAS TEORÍAS DEL GRUPO "B"

B1) TEORÍA DE LA LÍNEA (1), EL COLOR (2), EL ESPACIO (3) Y LA FORMA (4), (VOLÚMENES EN ARQUITECTURA), (MENSAJES PSICOLÓGICOS).

1   LA LÍNEA

Cada línea, que se genera por el desplazamiento del punto, según la teoría "Escénica" del Arq. Hernández Mendoza, tiene un mensaje psicológico que, de acuerdo a su forma y posición, irradia hacia quien la observa. Por ello a los alumnos en sus cátedras, les ponía como ejercicio, dibujar líneas representativas de diversos estados anímicos. En esto consiste básicamente su teoría de la línea. A continuación, transcribimos, de apuntes tomados por sus alumnos, algunos ejemplos de líneas y los estados psicológicos que según ellos representan:

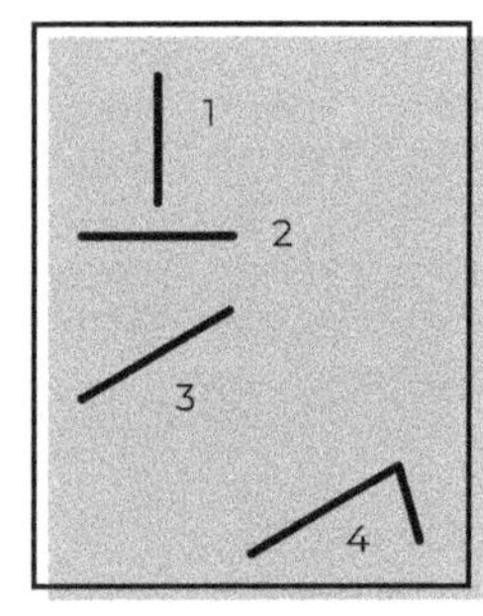

1   VERTICALIDAD, EQUILIBRIO, MESURA, JUSTICIA, RECTITUD, COMUNICACIÓN PARCIAL, COMUNICACIÓN CON EL SER SUPREMO, ORDEN, DISCIPLINA, LEY, LEGALIDAD.

2   REPOSO, TRANQUILIDAD, SEGURIDAD, ESTABILIDAD, DESCANSO, LAXITUD, RELAJAMIENTO, COMUNICACIÓN DIRECTA, QUIETUD, PAZ, INACTIVIDAD.

3   DESEQUILIBRIO, INSEGURIDAD, PROYECCIÓN, DECADENCIA, COMUNICACIÓN CON UN SER, INESTABILIDAD, DUDA.

4   ENERGÍA, POTENCIA, FUERZA, PODER, DINAMISMO, AGILIDAD, AGRESIVIDAD, INQUIETUD, BRUSQUEDAD, VARIACIÓN, AMBIGÜEDAD, INSEGURIDAD, INDECISIÓN.

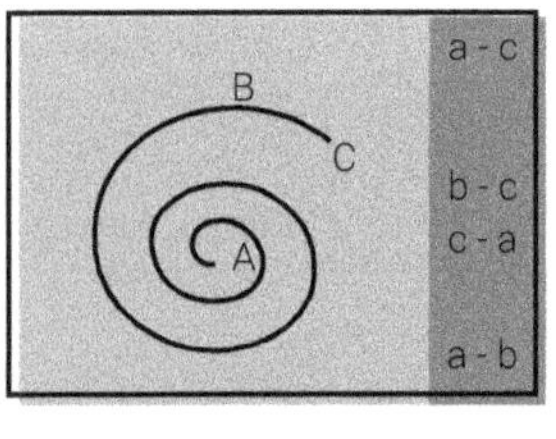

5 (A-C) DETERMINACIÓN, ACCIÓN, DECISIÓN, AVANCE, DESARROLLO, PROYECCIÓN, EMPUJE, SUPERACIÓN, DINÁMICA, MOVIMIENTO, ROTACIÓN, LUCIDEZ, DESENVOLVIMIENTO,

(B-C) ABURRIMIENTO, TEDIO.

(C-A) CONCENTRACIÓN, ENCLAUSTRAMIENTO, ABATIMIENTO, AISLAMIENTO, ENAJENACIÓN, LOCURA, HUNDIMIENTO, ENCIERRO, RETROCESO, FRUSTRACIÓN.

(A-B) REFLEXIÓN, PROYECCIÓN

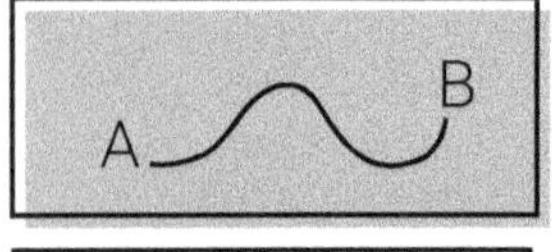

6 (A-B) RITMO, ALEGRÍA, JUVENTUD, VIDA, MOVIMIENTO, MELODÍA.

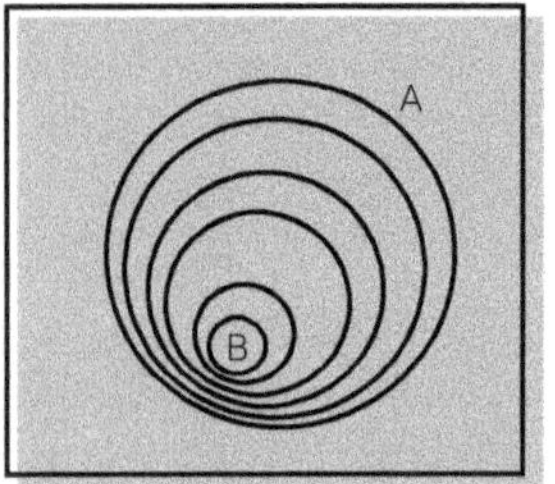

7 (A-B) DE AFUERA HACIA ADENTRO (A-B):
CONFUSIÓN, ABISMO, CONCENTRACIÓN, PROFUNDIDAD, LEJANÍA, ATRACCIÓN, TIEMPO, MISTERIO, ANGUSTIA, MIEDO, HUNDIMIENTO, SUEÑO, DESESPERACIÓN.

DE ADENTRO HACIA FUERA (B-A):
DESENVOLVIMIENTO, DETERMINACIÓN, ACCIÓN, COMUNICACIÓN ILIMITADA, FLORECIMIENTO, REALIZACIÓN, LIBERACIÓN.

Teoría del color

> El color lo ve el ser humano por la reflexión de los rayos de la luz en las diferentes superficies de material orgánico o inorgánico, según sus características

> Los diferentes colores resultan de los porcentajes de la gama de colores de los rayos de luz que son absorbidos o reflejados en ellas, y los colores que se ven sólo son los que provienen de los rayos reflejados.

Cada vez que un rayo de luz es reflejado pierde un porcentaje de su luminosidad, el Arq. Hernández Mendoza lo explicaba con el dibujo siguiente:

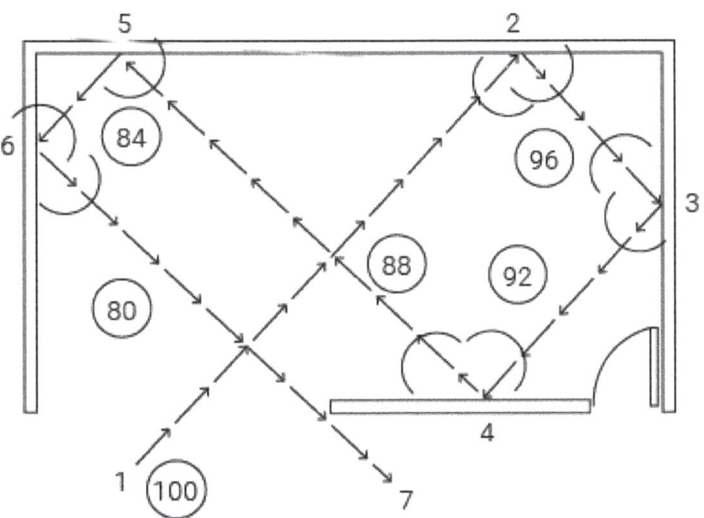

POR OTRO LADO, LOS COLORES IRRADIAN ESTADOS DE ÁNIMO LOS CUALES, SEGÚN EL ARQ. HERNÁNDEZ MENDOZA SON LOS SIGUIENTES:

LA PSICOLOGÍA DEL COLOR:

- **ROJO:** PASIÓN, ENERGÍA, ARDOR, AMOR, PELIGRO, ATENCIÓN, VIOLENCIA, FUEGO, VITALIDAD.
- **NARANJA:** ACTIVIDAD, LUZ, CALOR, ENERGÍA, ALEGRÍA, VIDA, OPTIMISMO.
- **AMARILLO:** OPTIMISMO, REALIZACIÓN, LUZ, MADUREZ, VIDA, CALOR, DIGNIDAD, DOMINIO, RIQUEZA.
- **VERDE:** FRESCURA, TRANQUILIDAD, EQUILIBRIO, ES SEDANTE, EVOCA FRESCURA, TERNURA, PAZ.
- **AZUL:** TRANQUILIDAD, FRIALDAD, SERENIDAD, QUIETUD, INMENSIDAD.
- **VIOLETA:** TRISTEZA, MELANCOLÍA, ROMANTICISMO, NOSTALGIA, LUTO, AMOR, SENCILLEZ, MISTICIDAD.

3 y 4 LA FORMA Y EL ESPACIO

Resumiendo, el Arq. Hernández Mendoza partía del punto que al desplazarse origina la línea; el plano es el resultado del desplazamiento de la línea, que siempre toma la figura correspondiente que lo genera. El plano resultante conforma una superficie y ésta, al desplazarse forma un volumen.

Por lo que respecta a la forma en arquitectura, el Arq. Hernández Mendoza, señala que todo objeto arquitectónico la tiene y con ella ocupa un lugar en el espacio. El espacio en general lo define como "una entidad sin límites", es decir, es ilimitado en todas direcciones (largo, ancho, alto, tiempo). Decía también que estrictamente, al construir se consume espacio y al demoler se reintegra el espacio, pero el espacio manejado intelectualmente (construido en forma racional) no se consume sino se aprovecha en beneficio del hombre (espacio arquitectónico). De aquí que para él, la arquitectura es la creación de espacios (escenarios) adecuados para que el hombre realice sus actividades; espacios que tienen forma y volumen y están diseñados tomando en cuenta el color, la textura, etcétera. El correcto manejo del color, la textura, el volumen y las superficies o planos que limitan el espacio, se hace a través de la composición arquitectónica.

Collage artistico de JLHM elaborado por la ARQ. Yetlanetzi Alicia Martínez Barajas, extraido de su tesis de la UNAM

Teoría de la línea, color, la forma y el espacio
Casa El Barco
1949-1950

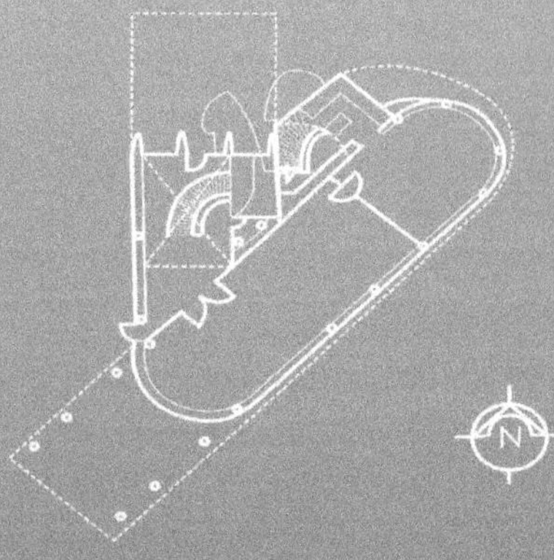

Planta Baja

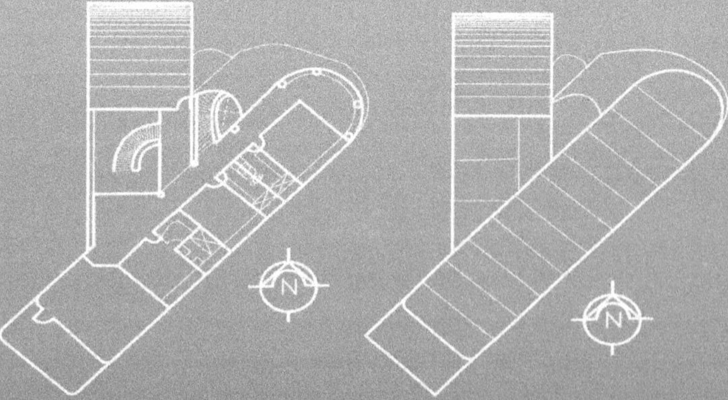

Planta Alta

Planta de conjunto

En está obra esta totalmente integrada al paisaje y en ella aplicó su teoría de los "Plafones Dirigidos o Reflejantes", con solución específica de cocina y un ingenioso sistema de aprovechamiento del agua de lluvia, que fluye en caída libre, hacia espejos de agua. En esta casa es en la que se encuentra el "Solarium" de 9.90 metros de volado que ya habíamos mencionado, y que es único en su tiempo, sobre todo por los recursos limitados que había en esa época para hacer este tipo de obras en concreto armado.

Ademas está obra es un vivo ejemplo de la aplicación practica de esta teoría, así como del resto de teorias que conforman toda la presente obra.

LA LÍNEA*
Vistas en planta

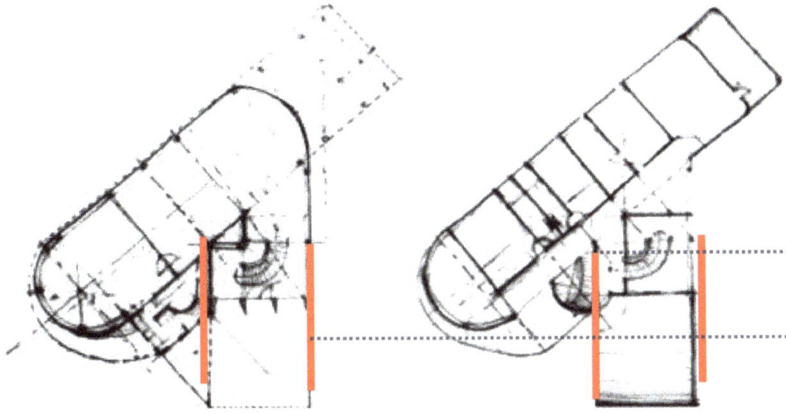

Líneas paralelas, inci-
dencia del recorrido,
equidistantes.
Planta Baja

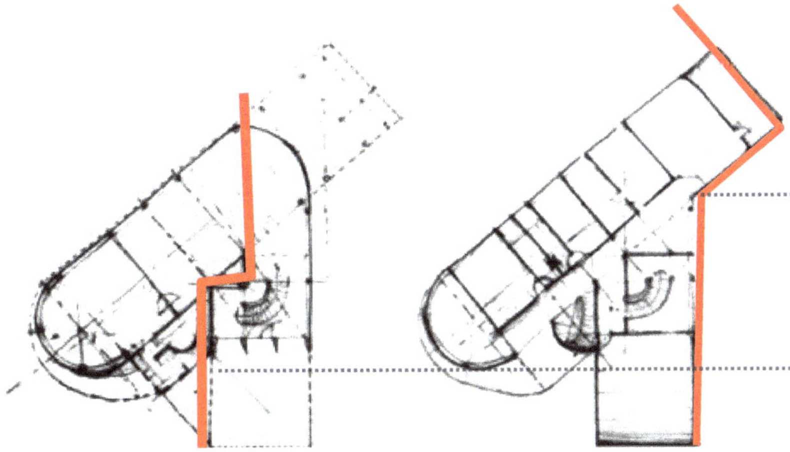

Líneas de disloca-
ción, rompimiento del
espacio y continui-
dad de espacios.
Planta Baja

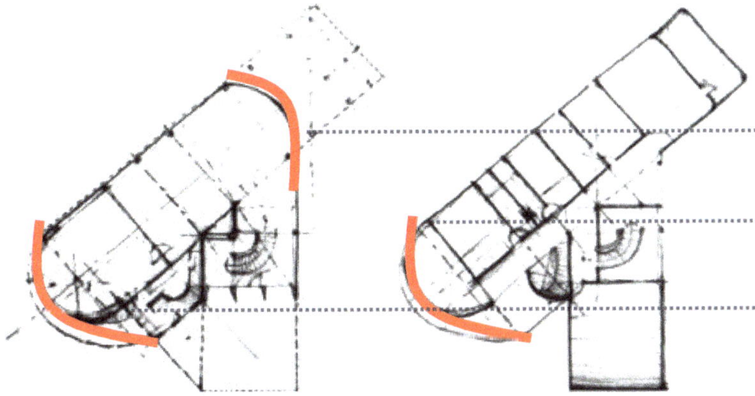

Líneas con
cantos rodados
continuidad
espacial.
Planta Baja

Esquema de La Línea de Residencía El Barco elaborado por la Arq. Yetlanetzi Alicia Martínez Barajas, extraido de su tesis de la UNAM

El Color*
Vistas en perspectiva

Fachada Principal

Fachada Posterior

Forma, Espacio y volumenes*
Vistas en fachadas.

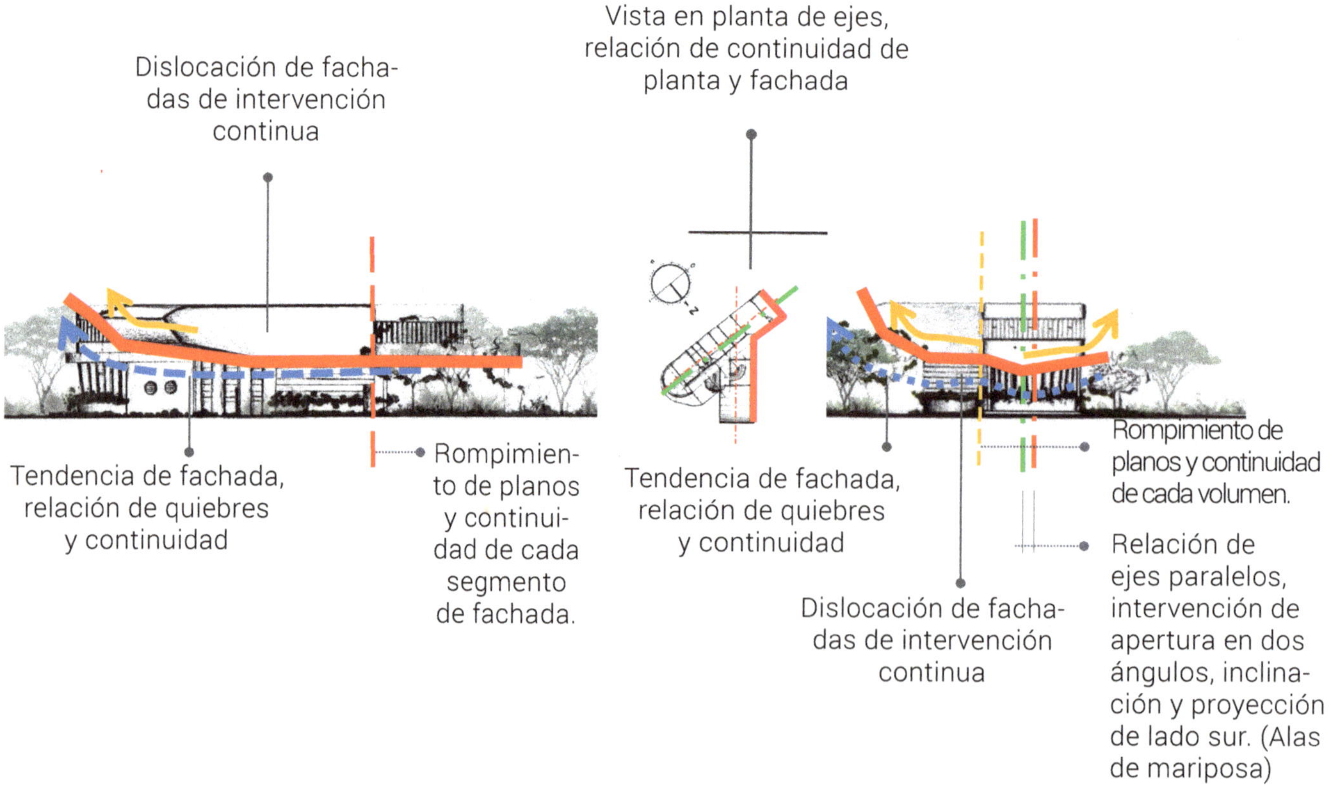

Dislocación de facha-
das de intervención
continua

Vista en planta de ejes,
relación de continuidad de
planta y fachada

Tendencia de fachada,
relación de quiebres
y continuidad

Rompimien-
to de planos
y continui-
dad de cada
segmento
de fachada.

Tendencia de fachada,
relación de quiebres
y continuidad

Dislocación de facha-
das de intervención
continua

Rompimiento de
planos y continuidad
de cada volumen.

Relación de
ejes paralelos,
intervención de
apertura en dos
ángulos, inclina-
ción y proyección
de lado sur. (Alas
de mariposa)

*Esquema de El Color y Forma, Espacio y Volumenes de Residencía El Barco elaborado por la Arq. Yetlanetzi Alicia Martínez Barajas
extraido de su tesis de la UNAM.

B2) CONCEPTOS GENERALES Y PROCESO EN LA COMPOSICIÓN ARQUITECTÓNICA ENCAMINADA A LOGRAR PROYECTOS DE DOBLE FUNCIONALIDAD (FÍSICA Y PSÍQUICA).

B.2. A. CONCEPTOS GENERALES

ALA DE MARIPOSA
FORMA DE DISEÑAR PLAFONES Y REMATES DE MUROS QUE EN EL PRIMER CASO PERMITE UN MEJOR CONTROL DE VIENTOS E ILUMINACIÓN Y EN EL SEGUNDO DA LA IDEA DE LIBERTAD.

ALMA
ES LA PARTE EMOTIVA DEL INDIVIDUO DE NATURALEZA INMATERIAL E INTUITIVA.

AMBIENTE
ES EL MEDIO IRRADIADO POR LOS DISTINTOS ELEMENTOS QUE COMPONEN UN CONJUNTO.

AMBIENTE CÁLIDO
EN LA ARQUITECTURA, ES EL QUE IRRADIA UN MEDIO CON TENDENCIA A LA EMOTIVIDAD.

AMBIENTE FRÍO
EN LA ARQUITECTURA, ES EL QUE IRRADIA UN MEDIO CON TENDENCIA A LA PASIVIDAD.

ARMONÍA
ES EL PERFECTO EQUILIBRIO DE LOS DIVERSOS ELEMENTOS QUE COMPONEN UN CONJUNTO.

ARQUITECTURA
ES EL ARTE Y LA CIENCIA DE LA CREACIÓN DE ESPACIOS QUE RESUELVEN UNA FUNCIÓN ESPECÍFICA EN BENEFICIO DEL HOMBRE. ESA CREACIÓN DE ESPACIOS TIENE DOS FASES: EL PROYECTO Y LA REALIZACIÓN.

ARQUITECTURA DE PAISAJE
ARQUITECTURA EXTERIOR A LOS EDIFICIOS, QUE PERMITE UBICARLOS E INTEGRARLOS A UN CONTEXTO NATURAL AGRADABLE Y PUEDE PENETRAR A LOS INTERIORES DE LOS EDIFICIOS A TRAVÉS DE VANOS LIBRES O ACRISTALADOS.

ARQUITECTURA GIRADA
RESULTADO DE UNA METODOLOGÍA PARA REALIZAR PROYECTOS ARQUITECTÓNICOS HACIENDO ROTAR LOS ESPACIOS HASTA LOGRAR SU MEJOR POSICIÓN (VER TEORÍA DE LAS GIRACIONES).

ARTE
ES LA EXTERIORIZACIÓN CORRECTA DE UNA IDEA CON TENDENCIA EMOTIVA.

BELLEZA
ES AQUELLO QUE AGRADA A NUESTROS SENTIDOS, PRODUCIENDO UNA SENSACIÓN ELEVADA O POSITIVA.

CALIDAD DE UNA OBRA DE ARTE
MAYOR O MENOR INTENSIDAD QUE TIENE EN CUANTO A SU CONTENIDO ESTÉTICO Y EMOCIONAL.

CAMPO DE GIRACIÓN
ESPACIO EN EL QUE SE PUEDE MOVER CADA LOCAL ARQUITECTÓNICO HASTA LOGRAR SU MEJOR POSICIÓN DE ACUERDO A LAS ORIENTACIONES, BRISAS, LIGAS DIRECTAS O INDIRECTAS, ETC. (VER TEORÍA DE LAS GIRACIONES).

CENTRO DE GRAVEDAD REAL
PUNTO DE EQUILIBRIO O CENTRAL DE UN TERRENO.

CENTRO DE GRAVEDAD OPERANTE
PUNTO DE EQUILIBRIO DEL TERRENO OCUPADO POR UN PROYECTO ARQUITECTÓNICO.

CIENCIA
CONJUNTO DE CONOCIMIENTOS ORDENADOS QUE HAN SIDO PRODUCTO DE LA EXPERIMENTACIÓN PRÁCTICA O EMPÍRICA, CON RESULTADOS SATISFACTORIOS.

COMPOSICIÓN ARQUITECTÓNICA
ES LA CREACIÓN DE ESPACIOS HÁBILMENTE LIGADOS ENTRE SÍ, DE TAL MANERA QUE RESUELVAN UNA FUNCIÓN ESPECÍFICA Y QUE FORMAN UN CONJUNTO DE CALIDAD PLÁSTICA, PENSANDO SIEMPRE EN LA REALIDAD CONSTRUCTIVA INMEDIATA.

CONTENIDO ESTÉTICO
ES LA INTENSIDAD EN QUE INTERVIENEN LOS FACTORES ARMÓNICOS EN UNA OBRA.

DIAGRAMAS CROMO-ESFÉRICOS
ELEMENTOS DEL PROGRAMA ARQUITECTÓNICO AGRUPADOS POR FUNCIONES EN ESFERAS CAPITULARES Y/O DIFERENCIALES Y PRESENTADOS EN DIVERSOS COLORES.

DISQUISICIÓN
ESTUDIO RIGUROSO SOBRE ALGÚN ASUNTO CON RAZONAMIENTOS EXTENSOS.

ENCASTRE
FORMA COMO SE UNEN EN SUS FRONTERAS MUROS CON MUROS, MUROS CON TECHOS O PISOS, MUROS CON SUPERFICIES ACRISTALADAS, ETCÉTERA, QUE DEBEN FUNCIONAR COMBINADAS O COORDINADAS COMO DOS PIEZAS MECÁNICAS ENGRANADAS DE ALGUNA MAQUINARIA Y QUE FORMAN SUPERFICIES CONTINUADAS RECTAS, CIRCULARES, ANGULARES O DE FORMAS INDEFINIDAS (VER TEORÍA DE LOS ENCASTRES).

ESFERAS CAPITULARES O
CAPÍTULOS O RECIPIENTES ESFÉRICOS QUE ENCIERRAN DIVERSOS ELEMENTOS AGRUPADOS POR SEMEJANZA.

DIFERENCIALES
DE FUNCIONES, AFINIDAD DE LAS MISMAS, COMPLEMENTARIEDAD, CONEXIÓN, ATRACCIÓN O REPULSIÓN EN EL CASO DE LAS ESFERAS DIFERENCIALES. SE UTILIZAN PARA LA APLICACIÓN DE LA TEORÍA DEL PARTIDO.

ESCÉNICA
AMBIENTE FORMADO POR LOS ESCENARIOS NATURALES O ARTIFICIALES QUE RODEAN UN ÁREA (VER TEORÍA DE LOS PLANOS ESCÉNICOS).

ESFERAS "MAXIM"
ESFERAS RELACIONADAS CON LA PERSONALIDAD DEL HOMBRE Y SU VOLUNTAD DE BÚSQUEDA DE METAS, IDEAS, PROYECTOS O SOLUCIONES ARQUITECTÓNICAS. TAMBIÉN SE REFIERE AL MEDIO ADECUADO PARA QUE SE ENCUENTRE LO BUSCADO.

ESTÉTICA
CADA UNA DE LAS EXPERIENCIAS QUE EL HOMBRE VIVE Y ACUMULA EN SU MENTE DURANTE SU VIDA, QUE PUEDEN INCREMENTARSE CON LAS VIVIDAS EN EL LUGAR DONDE SE DESARROLLARÁ EL PROYECTO.

ESTÍMULO VIVENCIAL
CONJUNTO DE IDEAS, PENSAMIENTOS, JUICIOS, RACIOCINIOS, EN RELACIÓN CON LA ARMONÍA O CONTRASTE DE LAS PARTES DE UNA OBRA ARTÍSTICA.

ESTRELLA DE CIRCULACIÓN
ESTRELLA FORMADA EN UN HALL POR LAS TRAYECTORIAS QUE SE FORMAN CUANDO EL HOMBRE SE DESPLAZA DE UN ESPACIO ARQUITECTÓNICO A OTRO.

FEALDAD
ES TODO AQUELLO QUE ES NEGACIÓN DE LA BELLEZA.

FUNCIONES MÚLTIPLES
DIVERSIDAD DE USOS RELACIONADOS CON LAS NECESIDADES DEL HOMBRE EN ESPACIOS ARQUITECTÓNICOS. DIFERENCIALES

HALL Y VESTÍBULO
ESPACIOS ARQUITECTÓNICOS DE LIGA Y DISTRIBUCIÓN QUE FUNCIONAN COMO LAS ARTICULACIONES DEL CUERPO HUMANO.

INGENIERO ARQUITECTO
ES EL PROFESIONISTA PREPARADO EN TODAS LAS RAMAS DE LA INGENIERÍA, QUE LO CONDUCEN A SOLUCIONAR SATISFACTORIAMENTE PROBLEMAS ARQUITECTÓNICOS.

IRRADIAR
MENSAJES DE LUZ, COLOR O ENERGÍA QUE PROVIENEN DE UN PLANO ESCÉNICO Y PRODUCEN ESTADOS DE ÁNIMO EN LAS PERSONAS.

MULTIFACÉTICO
MULTIPLICIDAD DE DIRECCIONES EN DIVERSOS ASPECTOS, FACETAS O CARAS QUE PUEDE TENER UN INDIVIDUO.

OMNIDIRECCIONAL
DÍCESE DE LO QUE PROVIENE O SE VA EN TODAS DIRECCIONES. QUE ESTÁ PRESENTE EN TODAS DIRECCIONES.

PLÁNO ESCÉNICO
CADA UNO DE LOS MUROS (CIEGOS O CON VENTANAS O VENTANALES), PISOS O TECHOS QUE LIMITAN UN ESPACIO ARQUITECTÓNICO.

PLÁSTICA
ES TODO AQUELLO QUE SE PUEDE PALPAR POR MEDIO DE LOS SENTIDOS DE LA VISTA Y EL TACTO.

PLATAFORMA DEL PARTIDO
SUPERFICIE PREPARADA CON CIERTOS TRAZOS, EJES Y CÍRCULOS, SOBRE LA QUE SE ESTUDIA LA MEJOR POSICIÓN Y ORIENTACIÓN DE CADA ESPACIO ARQUITECTÓNICO ENLISTADO EN UN PROGRAMA (VER TEORÍA DE LAS GIRACIONES).

POLIDIRECCIONAL
QUE PUEDE IR EN MUCHAS DIRECCIONES.

PROSPECTIVO
EXPLORACIÓN O ESTUDIO DE POSIBILIDADES FUTURAS BASADA EN DATOS, INDICIOS Y CONOCIMIENTOS ACTUALES.

PSICOLOGÍA
CIENCIA QUE ESTUDIA LOS FENÓMENOS DEL ALMA Y SUS EFECTOS EN EL SER HUMANO.

B.2.B PROCESO EN LA COMPOSICIÓN ARQUITECTÓNICA ENCAMINADA A LOGRAR PROYECTOS DE DOBLE FUNCIONALIDAD (FÍSICA Y PSÍQUICA).

1

RECEPCIÓN

Del Nuevo Proyecto ARQUITECTÓNICO

↓

INVESTIGACIÓN DE NECESIDADES

2

ESTUDIO DEL PROGRAMA ARQUITECTÓNICO CON ÁREAS, VOLÚMENES Y POSICIONES RELATIVAS

↓

PROGRAMA ARQUITECTÓNICO DEFINITIVO

ESTUDIO DE ÁREAS

DIAGRAMA DE ORGANIZACIÓN

↓

DIAGRAMA DE FUNCIONAMIENTO A ESCALA, CON POSICIONES RELATIVAS, JERARQUÍAS, FRECUENCIA DE USO, ÁREAS, VOLÚMENES, ALTURAS, ORIENTACIONES, ETCÉTERA.

↓

ESTUDIO DE LOS PARTIDOS ARQUITECTÓNICOS

↓

ELECCIÓN DEL MEJOR PARTIDO

3

ESTUDIO DE ANTEPROYECTOS

↓

ESTUDIO Y DEFINICIÓN DEL PROYECTO EJECUTIVO DEFINITIVO, DE DOBLE FUNCIONALIDAD

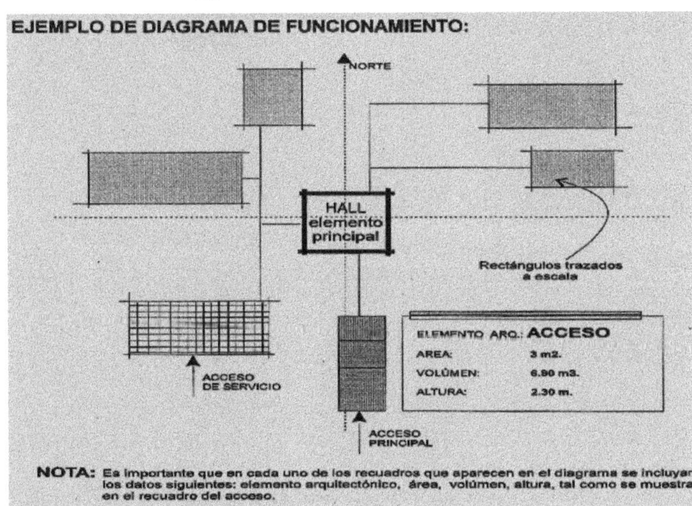

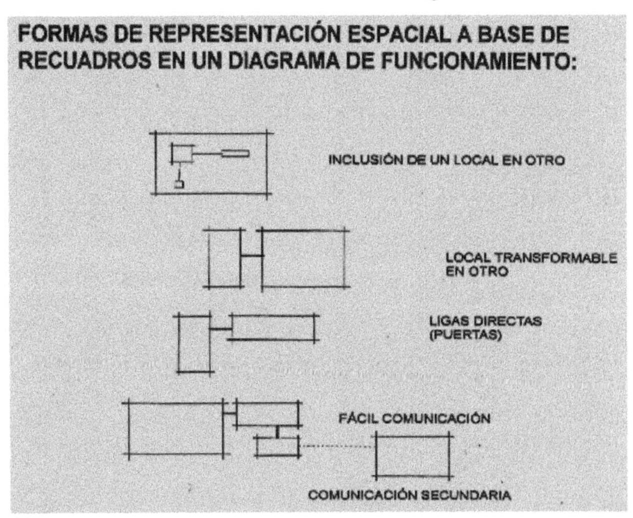

B3) DISQUISICIONES DEL PROYECTO (MEDIO AMBIENTE, TERRENO Y NORMATIVIDAD).

La palabra disquisición (del latín disquitio-onis; de disquirere, indagar), significa, estudio riguroso sobre algún asunto. También quiere decir razonamiento extenso y profundo. Por ello, esta teoría de Hernández Mendoza, se refiere a:

CONOCIMIENTO EXTENSO Y PROFUNDO

1   MEDIOAMBIENTE Y TERRENO donde se vaya a realizar un proyecto, y

2   NORMATIVIDAD que puede incidir en momentos determinados en dicho proyecto

---

RESULTADOS

3   PROYECTOS ACORDES CON EL MEDIO AMBIENTE Y LA NORMATIVIDAD

Como ejemplo aparece lo que investigó y desarrolló para hacer el proyecto del templo de El Bautista, en Sagatagan, Minnesota, Estados Unidos.

B4) TEORÍA DEL PARTIDO Y LOS DIAGRAMAS CROMO ESFÉRICOS.

Aplicada a la arquitectura y al urbanismo.

PARTIDO GENERAL ARQUITECTÓNICO

Disposición física que forma el agrupamiento de **ELEMENTOS SEMEJANTES O AFINES** de un proyecto u obra arquitectónica cualquiera, precisando:
SEMEJANTE: es un aula a otra o un laboratorio a otro
AFÍN: es un comedor respecto de una cocina

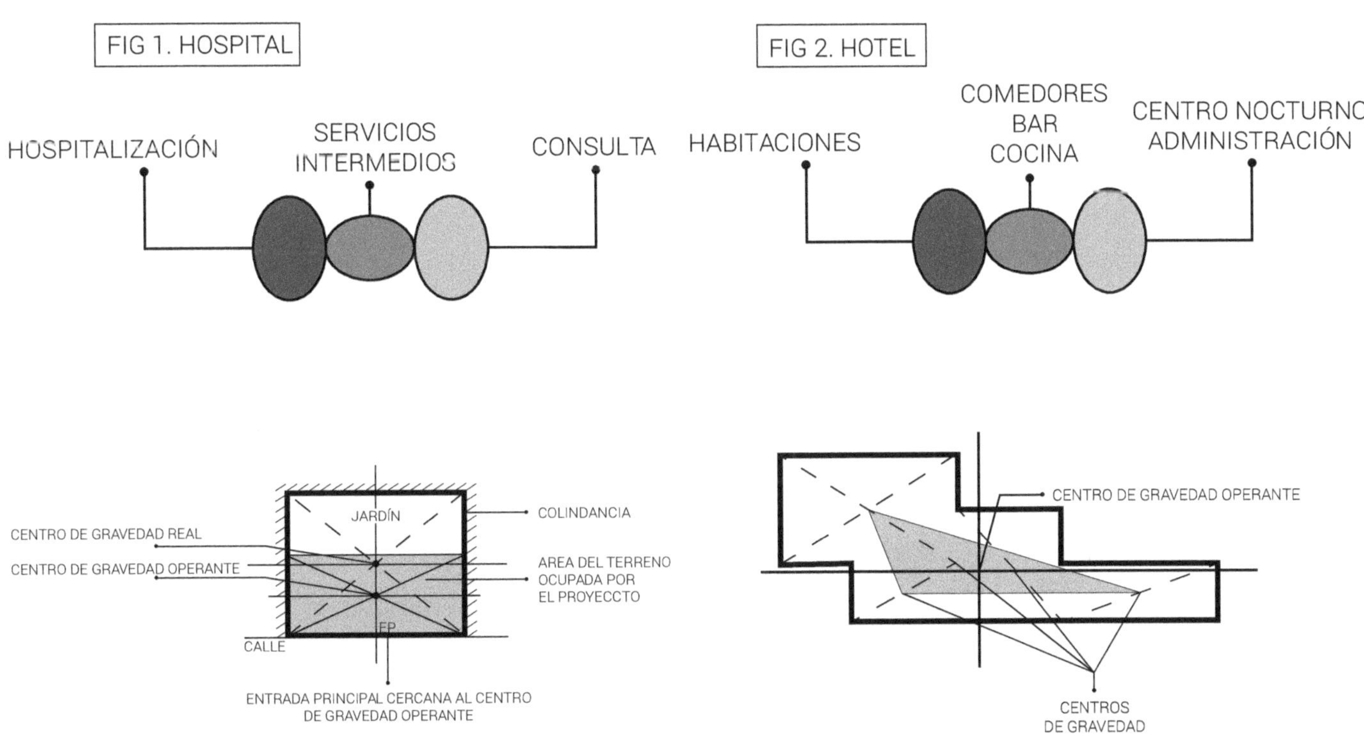

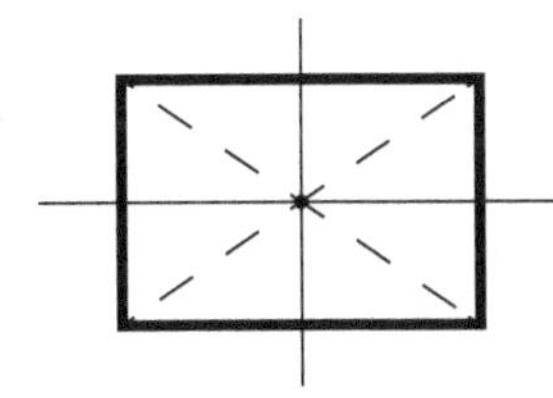
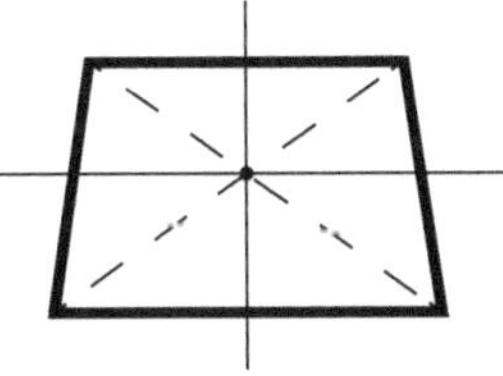
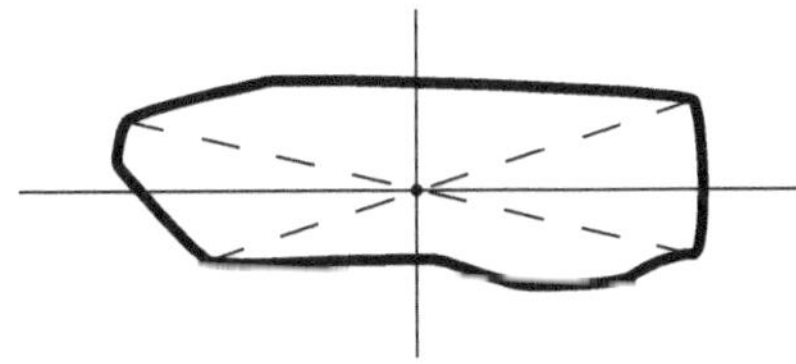
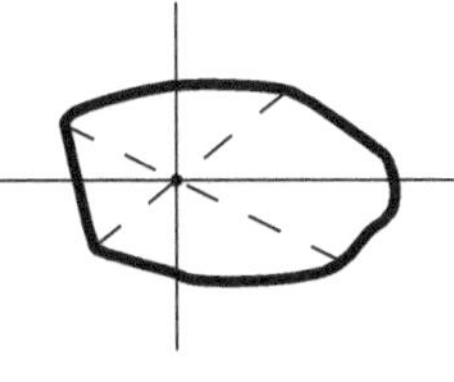

B5) TEORÍA DEL HALL, VESTÍBULO Y CIRCULACIONES.

(ESTAS ÚLTIMAS EN ARQUITECTURA Y URBANISMO).

Con esta teoría del Arq. Hernández Mendoza se establece el criterio adecuado para resolver:

ESPACIOS ARQUITECTÓNICO-DINÁMICOS

Se utilizan para **DISTRIBUIR, TRANSITAR O CIRCULAR**.

Ligan otros donde la vida del hombre es o puede ser pasiva.

También señala que la **CIRCULACIÓN TIENE DOS ELEMENTOS** importantes (FIGURA III):

"LA PARTE PASIVA Y LA ESTRELLA ACTIVA DE LA MISMA"

El hall es un elemento que enlaza otros grupos de elementos arquitectónicos, por ello puede haber más de uno en cada proyecto, incluso pueden ser muchos (10 o más halls). Consecuentemente, puede haber un hall principal y otros halls secundarios. Es decir, **DEBE HABER TANTOS HALLS COMO ESPACIOS HAYA QUE AGRUPAR ALREDEDOR DE ELLOS.** (FIGURAS I y II). Pueden ubicarse horizontal o verticalmente.

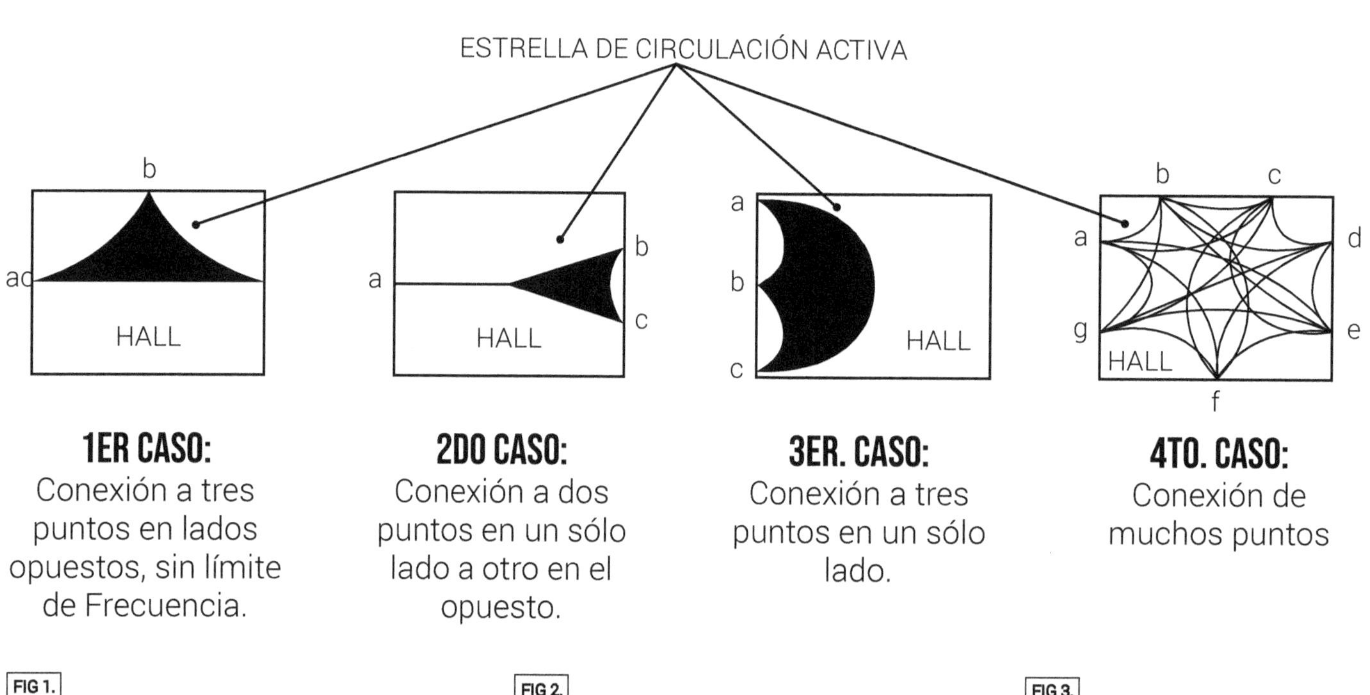

1ER CASO:	**2DO CASO:**	**3ER. CASO:**	**4TO. CASO:**
Conexión a tres puntos en lados opuestos, sin límite de Frecuencia.	Conexión a dos puntos en un sólo lado a otro en el opuesto.	Conexión a tres puntos en un sólo lado.	Conexión de muchos puntos

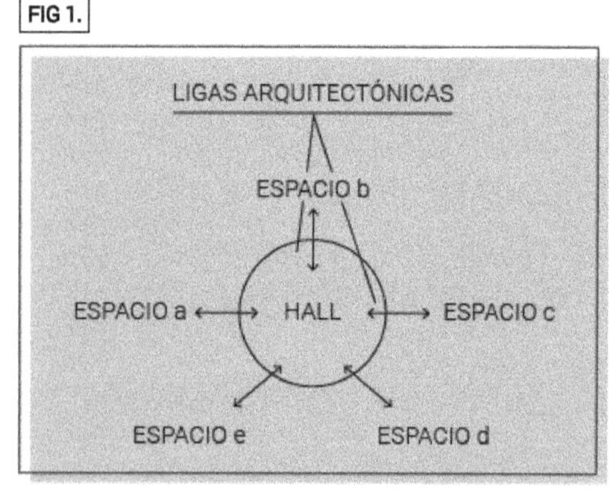

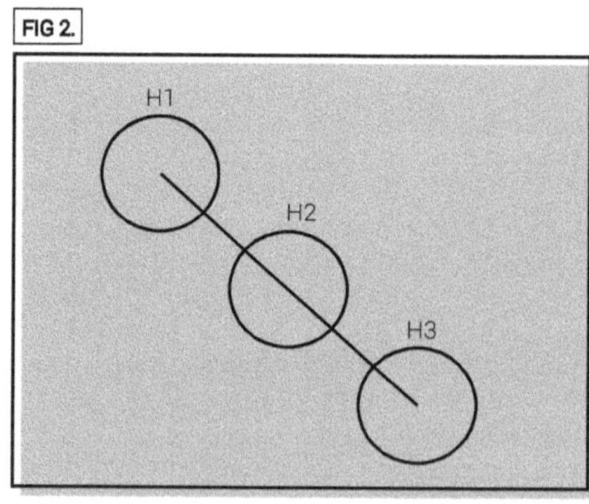

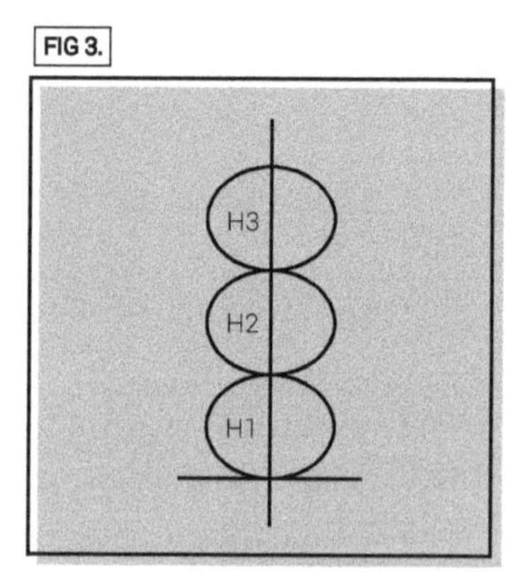

B6) TEORÍA DE LAS GIRACIONES

"La Teoría de la Giraciones, dará a la enseñanza, a los estudiosos y a los profesionales de la arquitectura una nueva posibilidad sin límites para la creación de formas o los conducirá hacia una verdadera catarsis de ellas y a una nueva concepción lógica en arquitectura, de su uso universal. Asimismo, permite lograr un segundo funcionalismo, el psicológico; y a su vez, vigorizar el funcionalismo físico-somático actualmente conocido, al evitar rigideces y limitaciones de los cuerpos y elementos arquitectónicos y abrir horizontes amplios a la creatividad. Todo lo anterior ha sido realizado con base en un interés por contribuir a ampliar por un lado el campo del diseño y la creatividad en la enseñanza de la arquitectura y, por otro, los caminos de la arquitectura en beneficio de mis semejantes". **JLHM**

DISEÑO DE UNA CASA HABITACION

Requiere un programa arquitectónico, con sus posiciones relativas o principios lógicos y sus volúmenes correspondientes. Todavía hasta aquí no hay ningún moldeo. Algunos elementos de juicio que se deben de usar son:

ESTÉTICA	Belleza intrínseca.
VOLUMEN	Jerarquía, atracción y repelencia.
PAISAJE	Frecuencia de uso, estructura.
OTROS	Sol, vientos, etc.

A partir de aquí empieza el moldeo, al cual llamaremos más propiamente premoldeo. El primer instrumento que va a servir para moldear (mover esas esferas), en relación al terreno, es el de frecuencia de uso, tomando como base el acceso o accesos y sentando esas esferas en la propia topografía, dejando entre cada una de ellas espacios de liberación para los giros o desplazamientos posteriores. Hasta este momento las esferas no se han deformado y sólo se han ubicado dentro del terreno siguiendo su topografía y a la misma escala.

Aquí ya son necesarias y altamente benéficas las "VIVENCIAS", concluyendo naturalmente con los croquis a escala de la ubicación de las diversas esferas y poniendo en cada croquis, el elemento de juicio que se está utilizando. Después, verificar todo lo realizado con atracción o repelencia, analizando y jerarquizando los elementos con vivencias y croquizando. En seguida de analizar la solución anterior con el elemento de juicio "atracción o repelencia", hacer un nuevo acomodo a nivel de Esferas Capitulares, con sus propiedades de orientación, ventilación, paisaje, etc.

Posteriormente, en forma similar a las anteriores, se ubicarán las esferas en relación a su volumen y en forma estrecha con la topografía, con vivencia, para ubicarlas a nivel todavía de Esferas Capitulares, volviendo a revisar por atracción y repelencia, así como por orientación, para poner el sol, vientos, brisas, etc. Y analizando las alternativas de F.U. (frecuencia de uso) y jerarquía al transcurso de los elementos de juicio, además de los de P.R. (posición relativa) y por atracción y repelencia.

Posteriormente se considera el análisis del elemento de juicio "PAISAJE", verificando a su vez por posición relativa y atracción y repelencia y luego, se deben comparar las soluciones de todos los juicios, fundiéndolas en una sola que contenga lo óptimo.

Una vez hecho lo anterior, se procederá a establecer las premisas filosóficas de forma y ambientación, que deben reunir los espacios para habitar, no de "X" familia, sino de la familia específica que estamos estudiando.

En esto debe considerarse, en forma de mesa redonda regida por condición, a la familia cambiante y activa, con su personalidad peculiar asociada a su temperamento, coadyuvando a elevarla y enaltecerla, ayudando a que se auto-realice cada uno de los miembros de la misma dentro de los locales, en una convivencia familiar muy positiva.

Una vez establecidas libremente las premisas filosóficas de la vida de la familia, que solventan las necesidades de su personalidad, se establecerán y se harán concurrir todas las asociaciones de forma lógica, en línea abstracta, que contengan las premisas filosóficas, eligiendo la mejor, por más lógica y representativa (apoyándose en los conocimientos dados del mensaje de la línea y de la superficie).

En esta etapa se hará una reducción del plano, a escala pequeña, para ver en ella, por las formas abstractas y apoyándose en los centros de gravedad, las ubicaciones finales de las Esferas Capitulares.

Para conseguir lo anterior, se tiene que lograr como partido general, la sensación del mensaje que establecen las premisas filosóficas. No olvidar que cada Esfera Capitular es envolvente de una serie de esferas unitarias que la integran y que fueron asociadas a ella por el juicio de "atracción o repelencia". Esas esferas unitarias se van a asociar provisionalmente unas a otras, de acuerdo con la plataforma general de giración, resultante del tramo abstraído como elemento constitutivo del conjunto abstracto elegido y de acuerdo con las premisas filosóficas establecidas. (En este punto deben conectarse estrechamente el Diagrama de Funcionamiento y el de Organización, así como las áreas).

Como siguiente paso, se debe estudiar la forma más lógica de cada local, que, a su vez, de manera unitaria cumpla con las premisas del ambiente escénico que cada local debe reunir, por su propia función tanto física como psíquica de su segundo funcionalismo.

Finalmente se debe hacer la reestructuración de esas plataformas concebidas en uno o varios niveles perfectamente encastrados en el terreno, con el elemento de juicio de la "Estética" en sí, aglutinando espacios y estructurando debidamente, aplicando la Teoría de las Giraciones. Y, por último, la producción de muros o planos escénicos que falten, para completar los espacios interiores o exteriores y estos planos deben ser complementados integrádos con efectos de luz, sonido, etc

Los pasos para hacer un proyecto arquitectónico con la teoría de las giraciones son los siguientes:

PASOS 1 Y 2

Total desaparición de muros (quedan sólo los elementos estructurales y las líneas de frontera de espacios. También quedan los elementos "G".

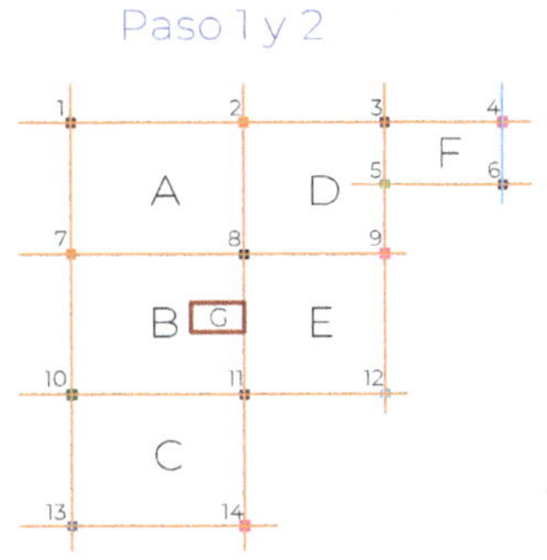

PASO 5

"El hombre en los centros de gravedad y con visión esférica concentra su atención en puntos diversos, incluyendo los exteriores".

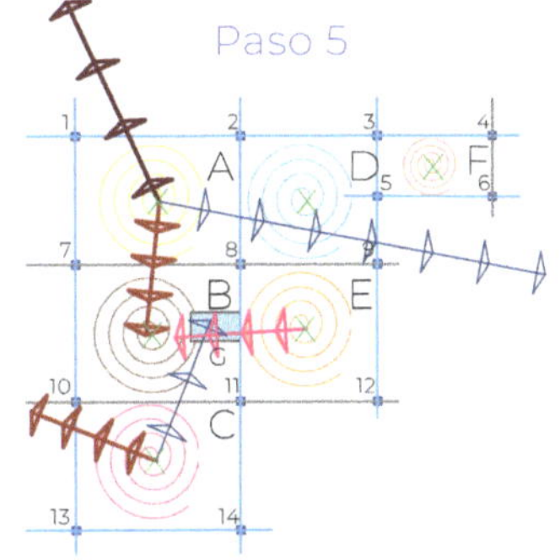

PASO 3

Centros de gravedad de cada espacio".

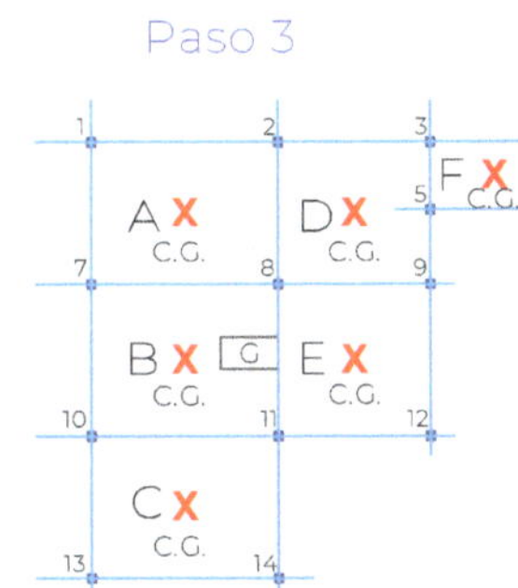

PASO 6

"Preparación de los campos de giración de los planos antes de ubicarse éstos".

PASO 4

"El hombre ocupando el centro de gravedad y con visión esférica a diversas distancias"

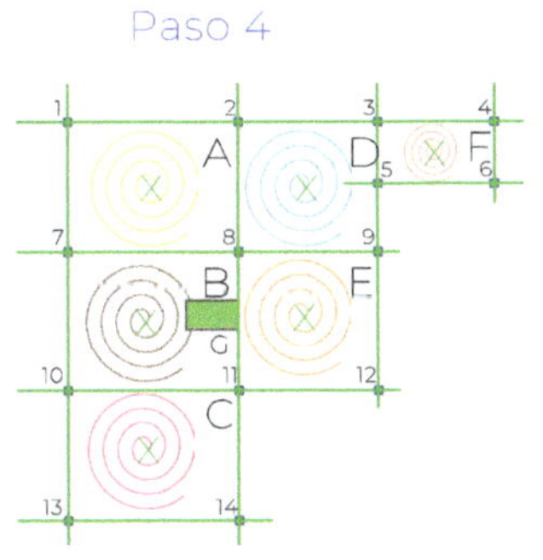

PASO 7

Libertad de giración de los planos de 360°, tomando como base la estructura y los elementos fijos como ductos, baños y cocinas".

PASO 8

"Giración de planos en busca de su óptima posición" (aquí el ARQ. HERNANDEZ MENDOZA da un ejemplo de giro excéntrico con respecto al apoyo u obstáculo). Acomodamientos y giros suaves".

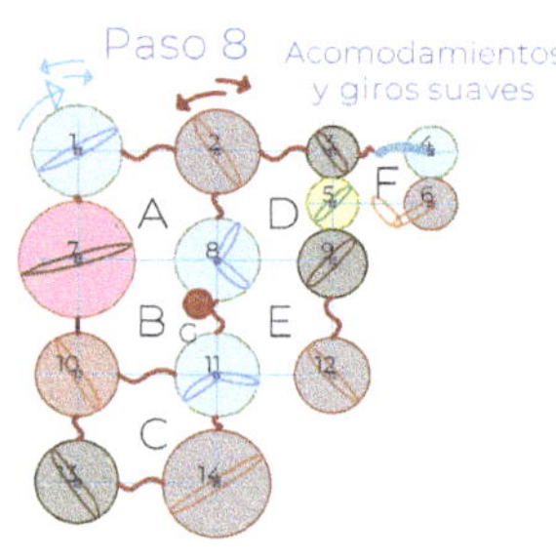

PASO 9

"Croquis más de pulimento hasta llegar al siguiente (posición semifinal de los planos sin el trabajo plástico)".

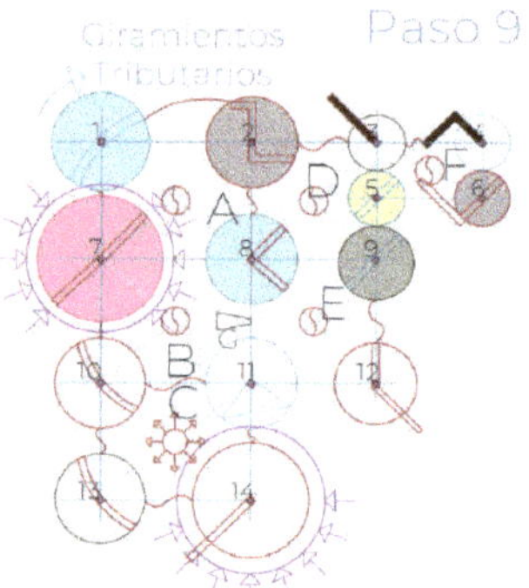

PASO 10

"Composición de volúmenes, texturas, etcétera, en el proceso de estructuración de formas. Acomodamientos y giros suaves".

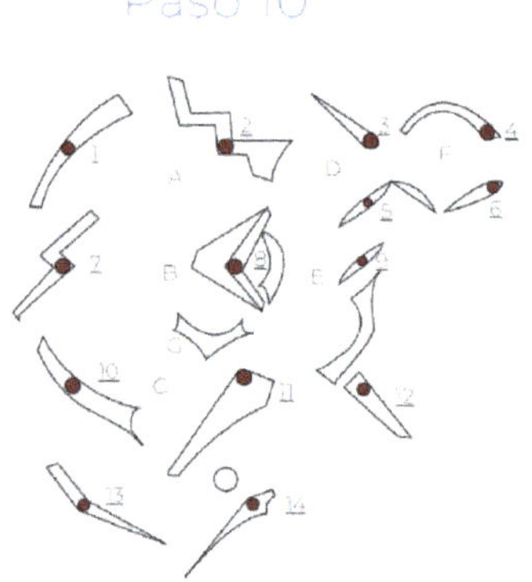

PASO 11

"Proyecto escénico (conserva sin alterar la estructura y el espacio ha sido totalmente transformado".

PASO 12

"Proyecto escénico en perspectiva. Levantamiento de volúmenes a partir de la planta "Acomodamientos y giros suaves".

EJEMPLO DE APLICACIÓN

La Teoría de "Las Giraciones" se puede ver completa, gráficamente representada, en una lámina que el propio autor hizo para la exposición de la U.I.A. celebrada en México en 1978, en la que participó y en ella aparecen los pasos o etapas a seguir para su desarrollo, los cuales están explicados en la forma siguiente:

ETAPA 1

"Se inicia con la premisa filosófica: el punto genera una línea; la línea un área y el área un volumen. Se busca en esta etapa una línea, un área y un volumen determinado".

ETAPA 2

"La línea, el volumen o el área así buscados deben estar de acuerdo con el género de edificio a realizar, dependiendo esta búsqueda de una premisa filosófica de la línea, es decir, tratar de que la línea escogida exprese en sí determinados estados psicológicos (alegría, reposo, tranquilidad, paz, etc.)".

ETAPA 3

"Por último, en esta etapa se representa la línea escogida y se adapta a las dimensiones del terreno, para posteriormente iniciar el proyecto con base al estudio de áreas".

 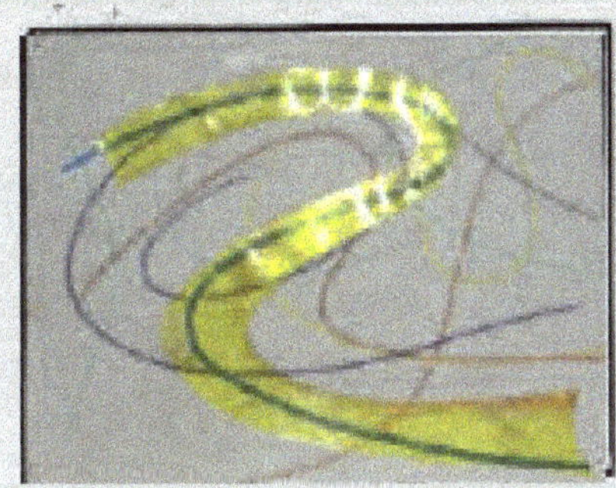 

ETAPA 4

"En esta etapa, nuevas premisas se establecen para cada uno de los locales, como son: orientación, brisas, etc., haciendoslas girar dentro de su campo de giración específico"

ETAPA 5

"Como paso siguiente se hace un intento de solucionar la circulación que ligue los locales en la forma más conveniente y se giran de la manera más adecuada según sea la función que van a desempeñar".

ETAPA 6

"En esta etapa tenemos nuestros locales en el último periodo de giración y casi en su acomodo definitivo. Se establece la circulación que debe pasar por donde más convenga al proyecto y puede haber un último intento de giración y acomodo.

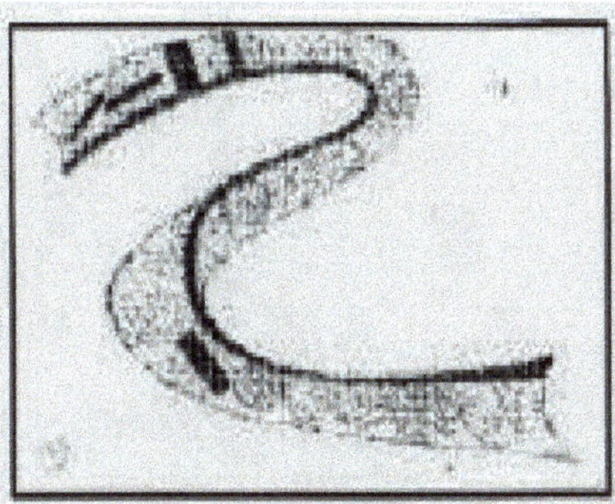  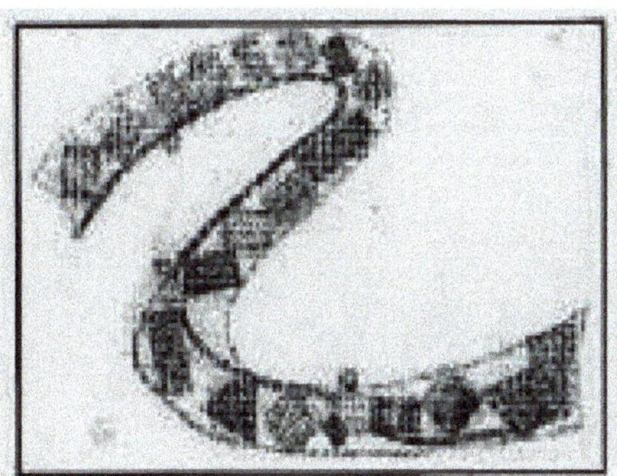

ETAPA 7

"Esta es la última etapa de la Teoría de "Las Giraciones", y en ella, todos nuestros locales quedan acomodados y con un orden perfectamente establecido, que es el que soluciona las necesidades del proyecto. En esta etapa quedan ya girados los espacios arquitectónicos y nuestra circulación en la forma más conveniente".

LA ESCUELA SUPERIOR DE INGENIERÍA MECÁNICA Y ELÉCTRICA (E.S.I.M.E.) no fue el único proyecto de edificio educativo que hizo el Arq. Hernández Mendoza. También desarrolló un diseño arquitectónico para las instalaciones de la ESCUELA MODERNA AMERICANA.

Este proyecto lo desarrolló aplicando en él su teoría "ESCÉNICA", especialmente en lo que se refiere a la "TEORÍA DE LAS GIRACIONES", que forma parte del proceso de diseño. La verdad es que resulta muy interesante ver los resultados a los que llegó con este proyecto, y que muestran una vez más la capacidad imaginativa del Arq. Hernández Mendoza.

Teoría de las giraciones

Escuela Moderna Americana

1971

Modelado en perspectiva aérea de la Escuela Moderna Americana por:

ing. Arq. Oscar Velez Pérez. Renderizado

Ing. Arq. Alejandro Sánchez Aragón Reconstrucción y modelado.

Ing. Arq. Rodrigo Martínez Sánchez. Modelado, edición y Post producción.

Ing. Arq. Liliana Victoria Guzmán Arriaga Reconstrucción y modelado

B7) TEORÍA DE LAS ESCALERAS Y RAMPAS DE PENDIENTE SUAVIZADA Y ANCHO RAZONADO.

En esta teoría, el arquitecto Hernández Mendoza introduce en el diseño arquitectónico

LA FATIGA DEL HOMBRE

El Arq. Carlos González Lobo, en el prólogo del libro, señala

"Es un caso en el que toma el esfuerzo humano como un elemento de diseño".

Esto es así, porque:

Ilustración artistica de las escaleras de la ESCA de Santo Tomas extraido de su tesis de la UNAM

Teoría de las escaleras y rampas de pendiente suavizada y ancho razonado
Escuela Superior de Ingeniería Mecánica y Eléctrica (ESIME)
1951

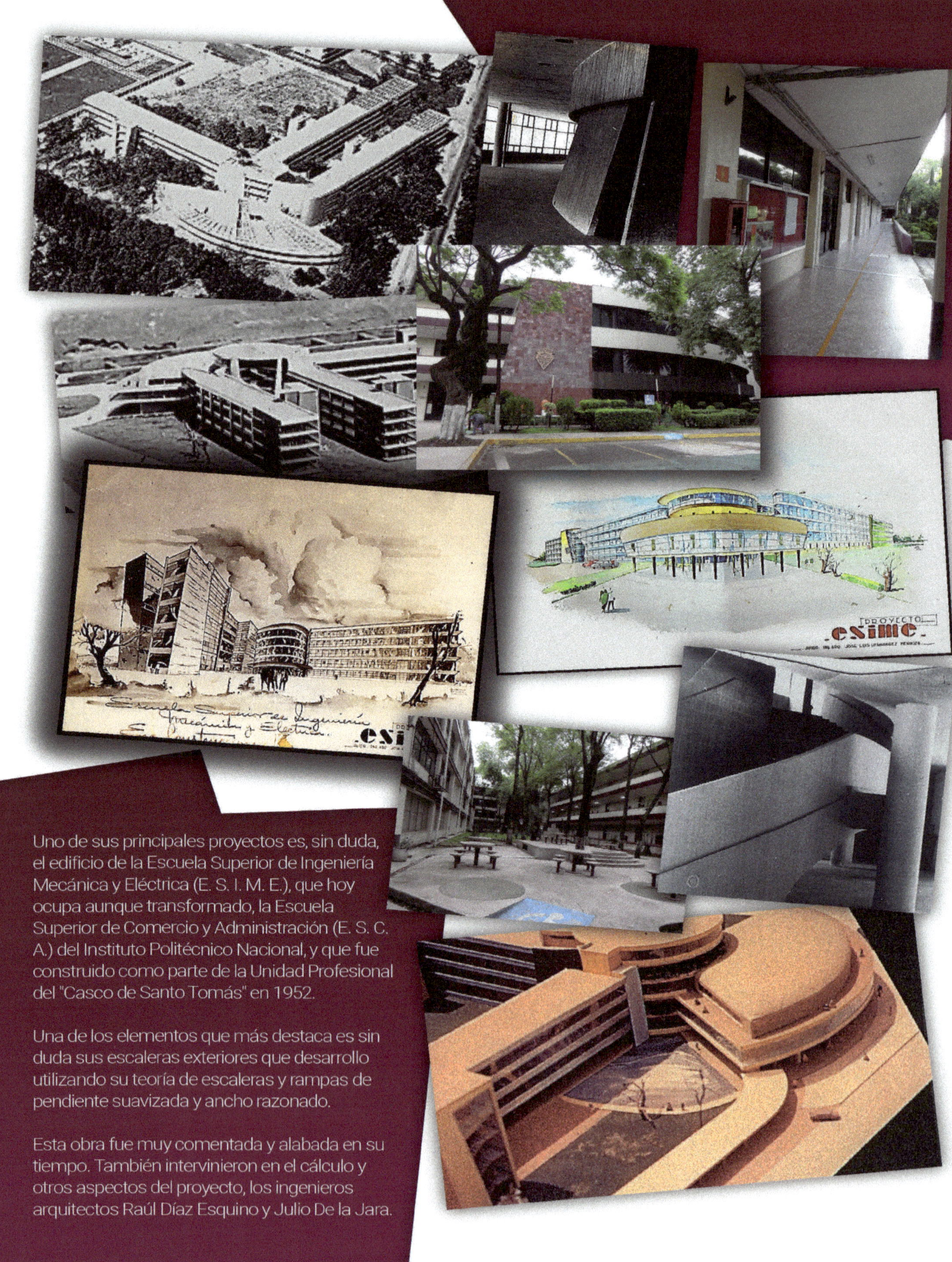

Uno de sus principales proyectos es, sin duda, el edificio de la Escuela Superior de Ingeniería Mecánica y Eléctrica (E. S. I. M. E.), que hoy ocupa aunque transformado, la Escuela Superior de Comercio y Administración (E. S. C. A.) del Instituto Politécnico Nacional, y que fue construido como parte de la Unidad Profesional del "Casco de Santo Tomás" en 1952.

Una de los elementos que más destaca es sin duda sus escaleras exteriores que desarrollo utilizando su teoría de escaleras y rampas de pendiente suavizada y ancho razonado.

Esta obra fue muy comentada y alabada en su tiempo. También intervinieron en el cálculo y otros aspectos del proyecto, los ingenieros arquitectos Raúl Díaz Esquino y Julio De la Jara.

DESGASTE Y RECUPERACIÓN*
Vistas en planta

A través de cálculos matemáticos especializados el Ing. Arq. Jose Luis Hernández Mendoza logra crear un sistema de escaleras unico que logra como primera instancia reducir el esfuerzo y la fatiga del usuario que la transita. Conforme se eleva esta escalera, cada escalón se vuelve único cambiando sus medidas y pendientes.

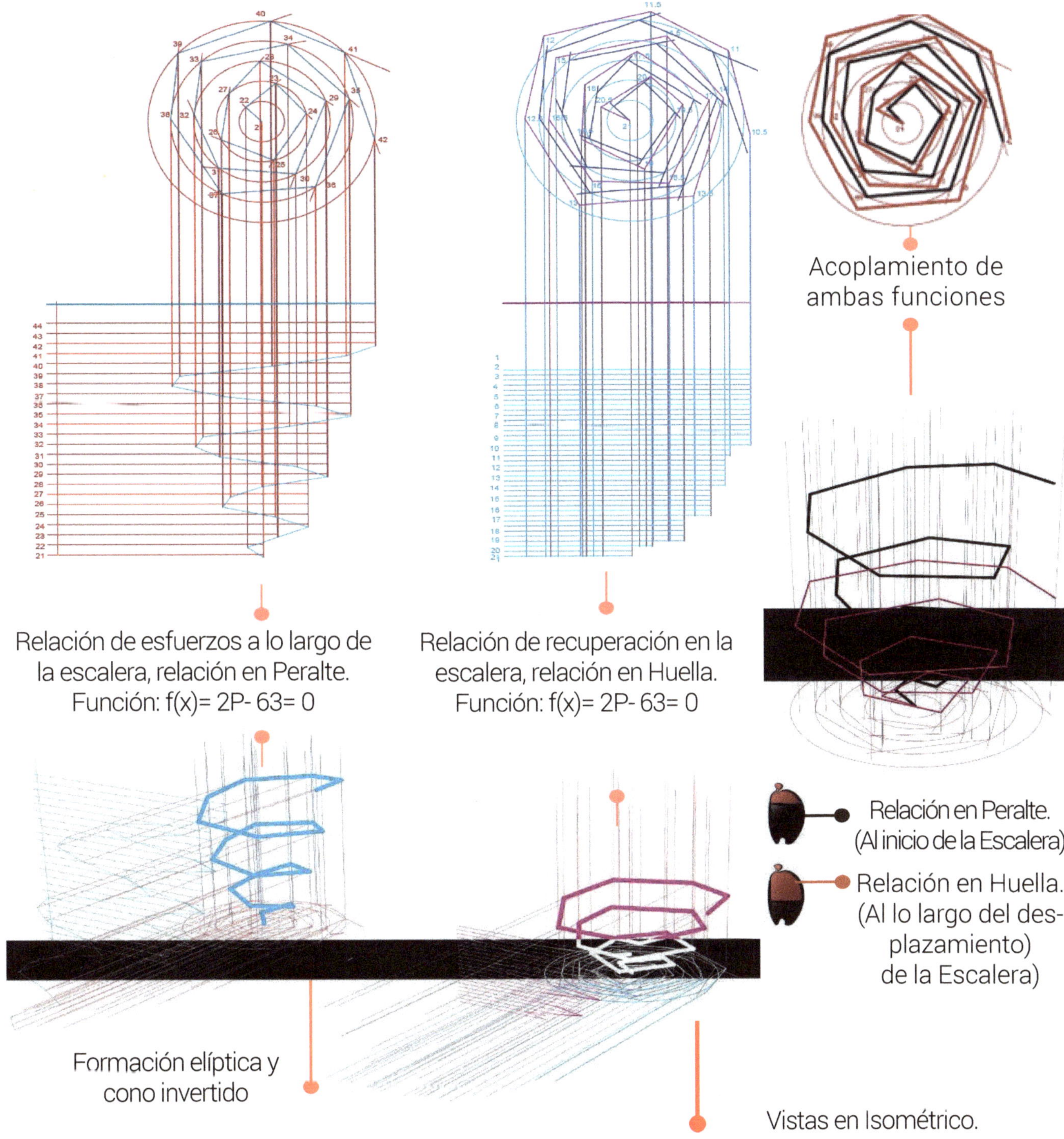

**Esquema de Desgaste y Recuperación sobre el funcionamiento de las escaleras de pendiente suavizada y ancho razonado de la ESIME hoy conocida como la ESCA del IPN, elaborado por la Arq. Yetlanetzi Alicia Martínez Barajas, extraido de su tesis de la UNAM.*

Desplazamiento, sucesión de planos y encastre*

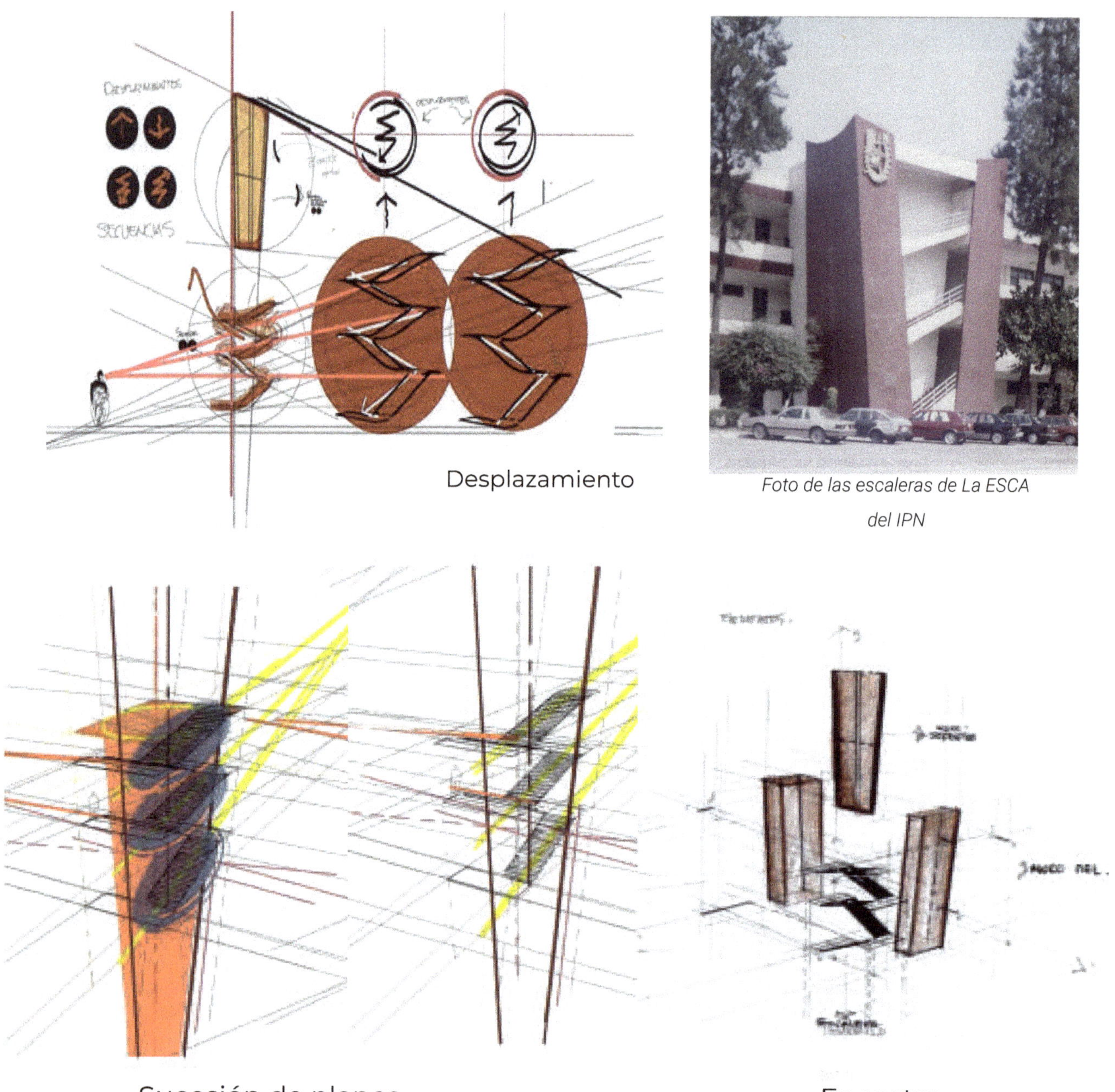

Desplazamiento

Foto de las escaleras de La ESCA
del IPN

Sucesión de planos

Encastre

Como se puede observar en el anterior esquema esta escalera propone distintos ejes compositivos de diseño, asì como una pendiente progresiva conforme se eleva a nivel constructivo. Ademas cumple con la teoría de los encastres que se encuentra a continuación en la pag 72.
Estas escaleras a traves de su funcionalidad y diseño forman un hitó de la genialidad arquitectónica mexicana.

*Esquema de Desplazamiento, Sucesión de planos y Encastre de la ESIME hoy conocida como la ESCA del IPN ,extraido de su tesis de la UNAM.

EJEMPLOS DE ESCALERAS DE PENDIENTE SUAVIZADA Y ANCHO RAZONADO

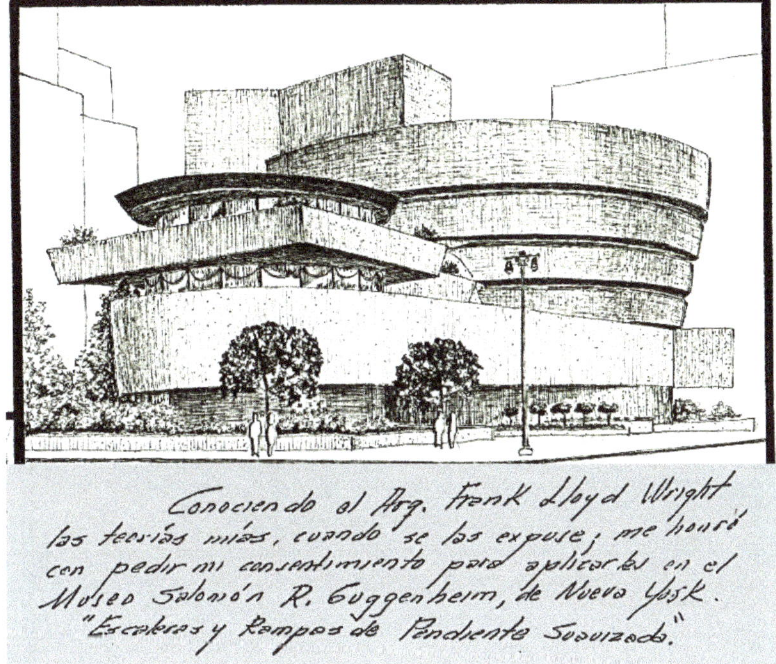

Conociendo el Arq. Frank Lloyd Wright las teorías mías, cuando se las expuse, me honró con pedir mi consentimiento para aplicarlas en el Museo Salomón R. Guggenheim, de Nueva York.

"Escaleras y rampas de Pendiente Suavizada."

MUSEO GUGGENHEIM, DE NUEVA YORK

LA ESIME EN EL CASCO DE SANTO TOMÁS

ACTUALMENTE ESCA

LA ESIME EN EL CASCO DE SANTO TOMÁS ACTUALMENTE ESCA

ESCALERA DE LA CASA DEL BARCO

B8) TEORÍA DE LOS PLANOS ESCÉNICOS.

Cualquier género de edificio, obra o proyecto arquitectónico tiene los siguientes planos escenicos que integran el espacio:

A)   PLANOS RECTORES DEL ESPACIO O PISOS
B)   PLANOS RECTORES DE COBERTURA O TECHOS
C)   PLANOS RECTORES ENVOLVENTES O MUROS
D)   PLANOS RECTORES DE LUZ NATURAL
E)   PLANOS RECTORES DE CONTEMPLACIÓN, RECREACIÓN Y PAISAJE
F)   PLANOS RECTORES DE VENTILACIÓN
G)   PLANOS RECTORES DE INSOLACIÓN
H)   PLANOS RECTORES DE COMUNICACIÓN FÍSICA
I)   PLANOS RECTORES DE COMUNICACIÓN PSÍQUICA
J)   PLANOS RECTORES DE CIRCULACIÓN HUMANA HORIZONTAL
K)   PLANOS RECTORES DE CIRCULACIÓN HUMANA INCLINADA
L)   PLANOS RECTORES DE CIRCULACIÓN HUMANA VERTICAL
M)   PLANOS RECTORES DE CIRCULACIÓN MECÁNICA VERTICAL
N)   PLANOS RECTORES DE CIRCULACIÓN MECÁNICA INCLINADA
O)   PLANOS RECTORES DE CIRCULACIÓN MECÁNICA, ELÉCTRICA, ELECTRÓNICA Y
       AUTOMÁTICA HORIZONTAL

LOS PLANOS SON ELEMENTOS ARQUITECTÓNICOS DE BOMBARDEO CONSTANTE DE POR VIDA Y, SEGÚN SU IRRADIACIÓN O BOMBARDEO DE MENSAJES O SIGNIFICADOS, PUEDEN SER:

FIJOS, GIRATORIOS, INTERCAMBIABLES, MODIFICABLES EN SU FORMA Y MÓVILES.

PUEDEN CLASIFICARSE LOS PLANOS ESCENICOS EN:

1   **PLANOS DE IRRADIACIÓN DEFINIDA**

Son planos que envuelven un espacio de utilización personal. Ejemplo, para una recámara exclusiva de una niña llamada María se utilizan planos de irradiación definida, de acuerdo a las necesidades físicas y psíquicas de su personalidad.

PLANOS DE IRRADIACIÓN COMBINADA O COMPUESTA 2

Son planos que envuelven un espacio de utilización de dos o más personas. Ejemplo, Una recámara en la que duermen dos niñas, María y Juanita, debe estar diseñada combinando las necesidades físicas y características psíquicas de ambas niñas. Pero cuando María y Juanita se reúnen en el comedor con el resto de la familia, el diseño de los planos que envuelven ese espacio debe estar hecho de tal manera que cada miembro de la familia encuentre o reciba de ellos la irradiación adecuada a su personalidad, es decir, se convierten en planos de irradiación compuesta en los cuales cada uno encuentra un significado personal.

PLANOS DE IRRADIACIÓN ABSTRACTA 3

Son planos que envuelven un espacio de utilización colectiva. Ejemplo, si la familia se reúne con sus amistades en la estancia, cada uno de los miembros de la familia reciben un significado irradiado por los planos, pero las visitas pueden o no recibir ese mensaje por ser personas no estudiadas, desde el punto de vista psíquico, cuando se diseñó el espacio. Esto es así porque, en general, sólo se les estudia en relación con las actividades físicas que desarrollan como visitas en ese lugar. Por tanto, cuando se diseña un espacio de este tipo, deben estudiarse los planos con mensajes abstractos que puedan ser recibidos por la mayoría de las personas que en un momento dado se encuentren en ese espacio arquitectónico, pero debe predominar el mensaje propio de quienes habitan o utilizan el espacio en forma constante.

PLANOS DE TRANSICIÓN 4

Se utilizan para ligar planos de irradiación distinta y se les puede llamar también planos de enlace. Son aquellos que ligan dos planos de irradiación o de forma distinta y deben estar de tal manera diseñados que su finalidad (de lograr que el paso entre ellos sea armónico), se cumpla ampliamente. Son los planos que también ligan los escenarios interiores con los exteriores y que están regidos fuertemente por el paisaje.

PARA RESOLVER ESTE TIPO DE PLANOS ESCÉNICOS DE TRANSICIÓN EL ARQ. HERNÁNDEZ MENDOZA UTILIZABA OTROS QUE LLAMABA:

5 **PLANOS EN EL ESPACIO**

Son aquellos elementos que, como su nombre lo indica, dan una nota de color y de forma en el espacio. Pueden estar cargados de energía irradiante abstracta, combinada o definida según sea el problema que se trate de resolver.

6 PLANOS O ESCENARIOS DEL MOBILIARIO

El mobiliario en la arquitectura escénica desempeña un papel muy importante y su diseño debe ser de la índole los planos de transición, definidos, compuestos, etc., y además, armónico con ellos, ya que el mueble, en este caso, es un escenario móvil e intercambiable. Por esta última característica, el mueble puede servir para enlazar planos de irradiación diferentes. Respecto al mobiliario, podemos asociar aspectos de la artesanía o artes populares, siempre y cuando estos no distorsionen la irradiación pre-buscada, sino por el contrario, la acentúen en su contexto y colorido.

Todos estos planos pueden ser interiores y exteriores, siendo los exteriores los que van a encajar con el paisaje. Asimismo, por lo que respecta a los planos exteriores, debe establecerse la premisa de buscar, ingeniosamente, todos los medios de liberación de esos planos de los adyacentes, con el fin de que cada uno pueda ser estudiado o diseñado en la forma más apropiada para su identificación, mimetismo o contraste con la naturaleza y el paisaje, según sea el caso. "Consecuentemente, en la Arquitectura "Escénica" el tradicional espacio arquitectónico envuelto en seis planos (cuatro muros, piso y techo), se rompe para aflorar "N" número de planos o limitarse a un sólo plano".

PLANOS DEL PISO Y PLANOS DEL TECHO

Estos planos serán los principales regidores del espacio escénico, cuya forma se estructurará de acuerdo con el mensaje general que deban contener y las funciones básicas del primer funcionalismo (funcionalismo físico tradicional).

El plano escénico horizontal, inferior o piso, se estructurará, tanto en su forma como color, textura y contenido, de acuerdo con la irradiación que deba emitir y el uso lógico y funcional del local.

El plano escénico horizontal, superior o techo de un espacio, se diseñará con los lineamientos lógicos que debe tener como techo y el contenido que requiera.

Los planos horizontales y los verticales se unirán entre sí para formar u obtener físicamente el espacio arquitectónico de que se trate, con bajorrelieves (zoclos y otros remetimientos) cuya presencia, de mínimas proporciones, se pierda como sombras del mismo plano escénico.

El espacio puede también quedar formado por cortes de luz que lo aíslen, limiten o encaucen al hombre.

Los efectos que, sobre todo en el plano inferior o piso, no se puedan lograr por la función de tránsito que deben cumplir, los sustituirán o lograrán con muebles y efectos especiales, lo que depende de la habilidad de cada proyectista.

Estos efectos se pueden obtener utilizando entre otros recursos los efectos de luz natural o artificial, en conjunción con el contenido del propio plano horizontal. También pueden servir los reflejos o elementos similares de influencia de otros planos que forman el ámbito escénico esférico o limitante del espacio.

Teoría de los Planos Escenicos
Casa Fernando Soler
1952

Planta Alta

Planta Baja

Construida para el gran actor Fernando Soler y su esposa Sagra del Río, realizada en 1952 en la calle del Rocío N.º 142 del fraccionamiento Jardines del Pedregal de San Ángel de México, D.F.

Constituye uno de los mejores proyectos de Hernández Mendoza, en el cual se obserba una loable utilización de los planos escénicos.

A continuación se hara un análisis de la metodología aplicada a este proyecto utilizando dicha teoría.

PISO Y TECHO

Debe hacerse el estudio de la irradiación o mensaje que deben emitir

EL PLANO DEL TECHO

debe tener el contenido que requiera su función de cubierta

EL PLANO DEL PISO

debe estudiarse de acuerdo a la función que tenga el espacio de que se trate

LOS PLANOS VERTICALES,

deben unir el piso y el techo para lograr un diseño de irradiación de mensajes congruentes

Pueden ayudar a la función de tránsito, los muebles y los efectos de iluminación natural o artificial, así como los reflejos.

"Una forma es otra cosa o algo más que la suma de sus partes. Tienen propiedades que no resultan de la simple adición de las propiedades de sus elementos".

Guillaume, Paúl, op.cit.

Desplazamiento, sucesión de planos y encastre*

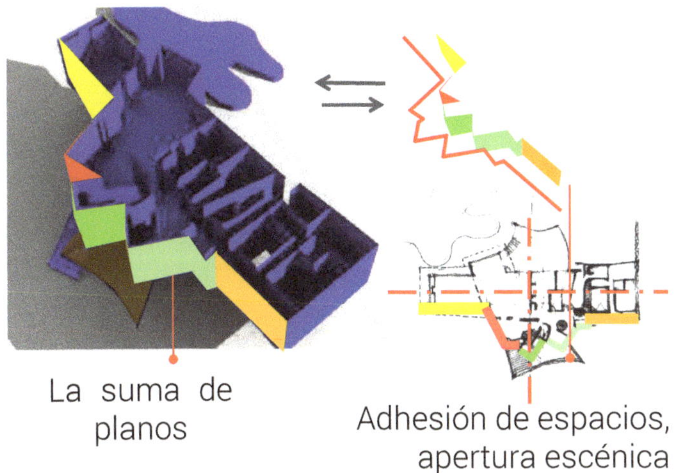

La suma de planos

Adhesión de espacios, apertura escénica

La suma de planos

Esquema funcional de los planos escénicos de la casa de Fernando Soler Yetlanetzi Alicia Martínez Barajas, extraido de su tesis de la UNAM.

Acuarela de Interpretación por Arq. Yetlanetzi Alicia Martínez Barajas, extraido de su tesis de la UNAM.

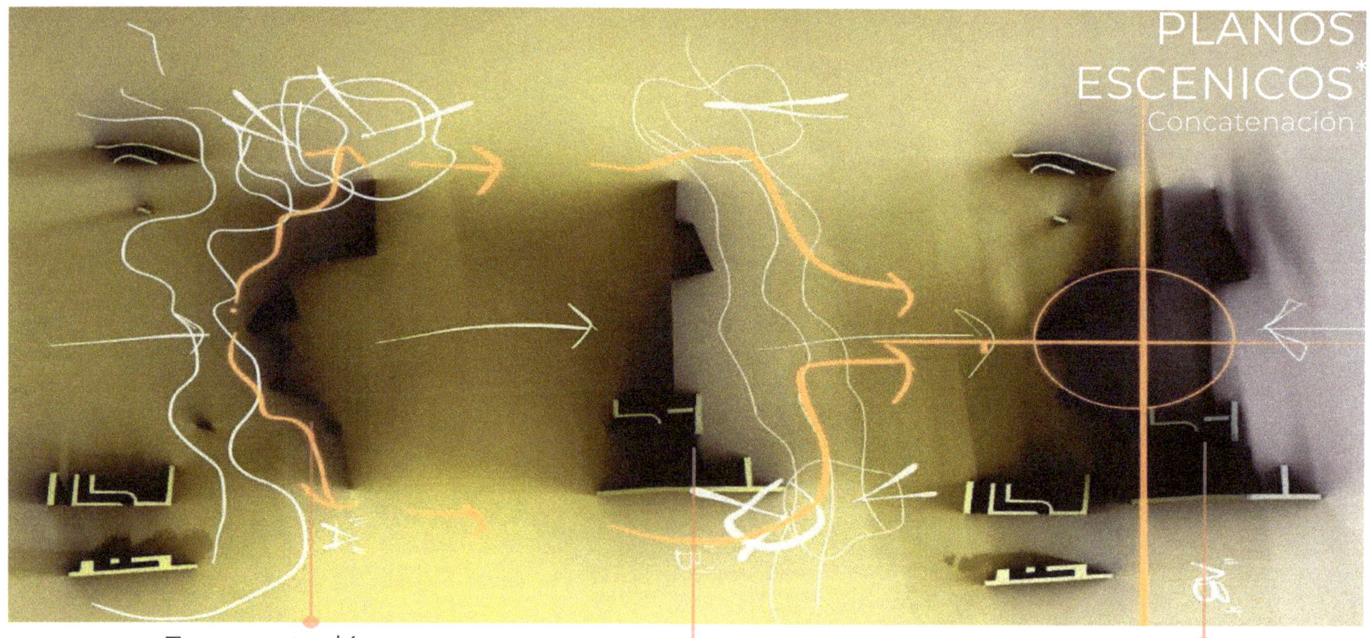

Fragmentación a
(correlación de planos "A").
Tendencia Horizontal

Fragmentación a
(correlación de planos "B").
Tendencia Horizontal.

Unidad
(pertenencias de
envolventes "AB").
Tendencia Horizontal

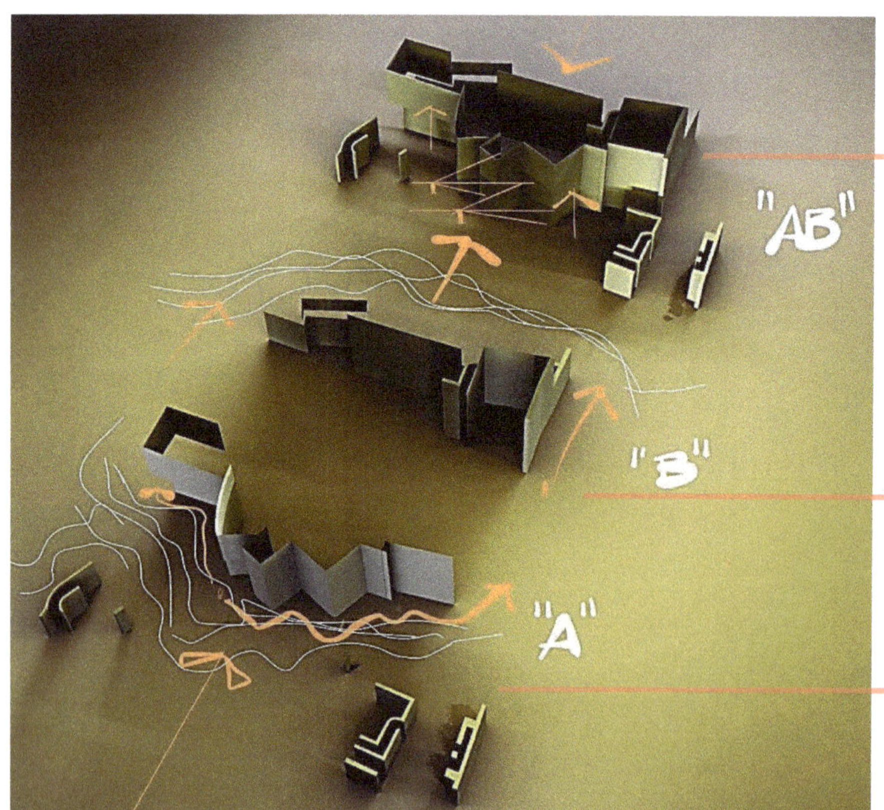

Construcción de
la forma, concate-
nación de planos
escénicos, forma-
ción "AB". Vista
perspectiva.
Tendencia Vertical.

Irradiación de
planos escénicos,
dislocación y dis-
persión. lado "B".
Vista perspectiva
Tendencia Vertical.

Irradiación de planos escénicos, dislocación y dispersión.
lado "A".
Vista perspectiva Tendencia
Vertical.

*Esquema funcional de los Planos Escénicos de la casa de Fernando Soler elaborado por elaborado por Arq. Yetlanetzi Alicia,
extraido de su tesis de la UNAM.   Martínez Barajas

LOS MENSAJES DE LOS PLANOS ESCÉNICOS

En arquitectura, en cada diseño de un interior o exterior, de una fachada o de un jardín o área exterior, lo que hace el arquitecto es un escenario que debe estar de acuerdo a los gustos, costumbres o la psicología de quien lo vaya a vivir o utilizar. Por eso se debe tener gran cuidado para realizar un diseño que satisfaga plenamente ese aspecto. La interpretación de los mensajes irradiados por los planos escénicos es, como hemos visto, diferente para cada persona, incluso, cambia según su colocación o función que desempeñen dichos planos como pisos, paredes o techos. Puede también cambiar por la forma en que estén tratados sus acabados, o los colores que se les apliquen, incluso por la iluminación o los objetos que los adornen. Como ejemplo de lo anterior, a continuación, se incluyen interpretaciones personales de los mensajes irradiados por diversos planos escénicos (plantas o alzados), que presentan formas y colores diversos, hechas por un alumno del Arq. Hernández Mendoza:

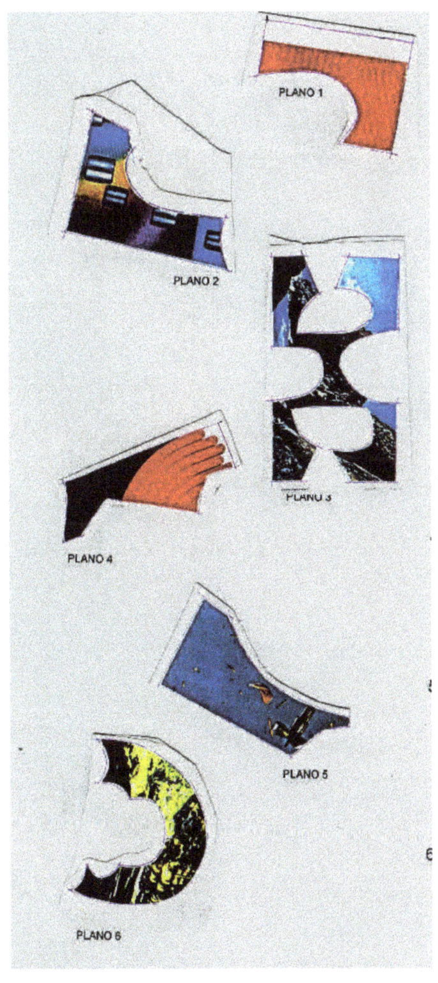

INTERPRETACIÓN PERSONAL:

1   Audacia, proyección lateral, contraste, dinamismo

2   Ensueño, meditación, búsqueda, fantasía

3   Simetría, equilibrio, materialismo, espiritualidad

4   Velocidad, perturbación, misterio

5   Soledad, aislamiento con búsqueda, infinitud

6   Naturaleza, simetría, descanso, profundidad

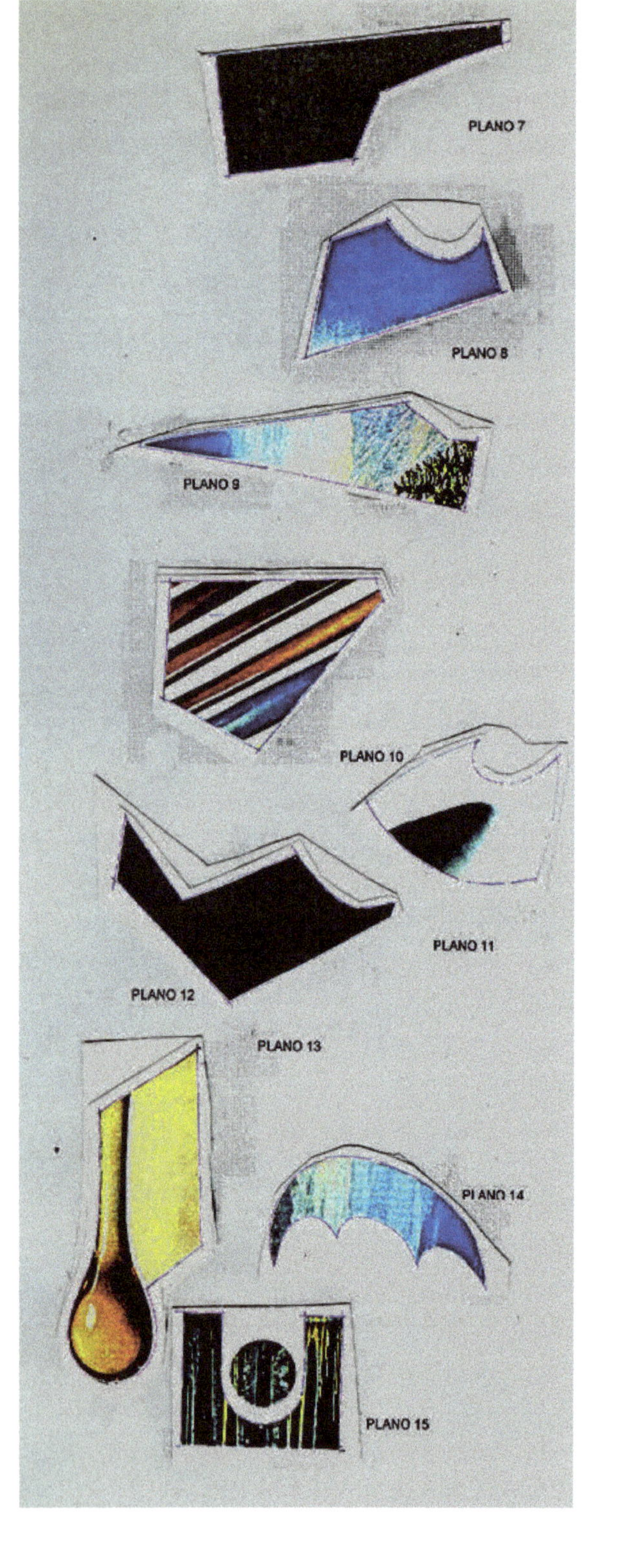

7   Elevación, frescura, tranquilidad, inestabilidad.

8   Descanso, infinitud, inestabilidad, dinamismo.

9   Lejanía, infinitud, naturaleza, tranquilidad.

10   Inestabilidad, rigidez, confusión.

11   Descanso, hipnosis, infinitud, lejanía.

12   Inseguridad, tristeza, soledad, inestabilidad.

13   Fuerza, asentamiento, tranquilidad, equilibrio.

14   Alegría, quietud, calma, descanso, lejanía, naturaleza, infinitud.

15   Estabilidad, equilibrio. perfección, conformidad, tristeza.

B9) TEORÍA DE LOS ENCASTRES.

Con aplicación a la arquitectura, la escultura, la pintura y el diseño en general.

Viene del latín incastrare, que SIGNIFICA ENDENTAR DOS PIEZAS MECÁNICAS PARA QUE FUNCIONEN JUNTAS. Esta teoría tiene que ver con los elementos arquitectónicos tales como muros, ventanas, pisos y techos, que se utilizan para cerrar o envolver los espacios arquitectónicos y que en algún punto se juntan o enlazan, funcionando combinados o coordinados como dos piezas mecánicas endentadas o engranadas de alguna maquinaria y formando superficies continuadas, rectas, circulares, angulares, o de formas indefinidas, y que presentan cambios de material o de contraste entre diferentes materiales duros y blandos, brillantes y opacos o simplemente entre claros y macizos.

DIVERSOS CASOS DE ENCASTRES Y SUGERENCIAS

(Tomados de apuntes de alumnos del Arq. Hernández Mendoza)

FIG 1.

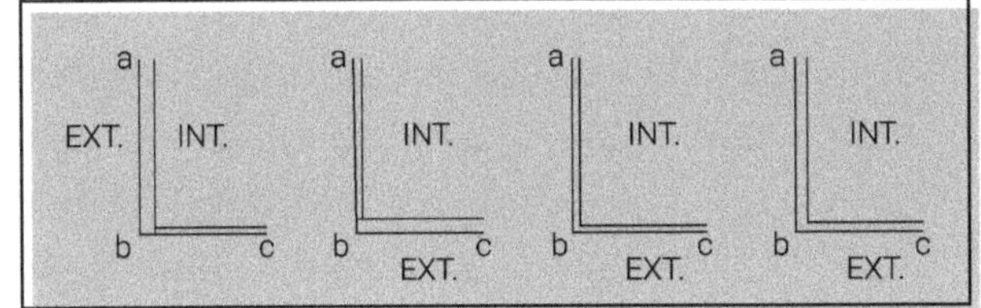

1 Entronque (encastre) de dos superficies que forman un ángulo de 90° o con alguna inclinación hacia afuera o hacia adentro, siendo (a-b) muro y (b-c) ventana; (a-b) ventana y (b-c) muro; o (a-b) y (b-c) ventanas; o (a-b) y (b-c) muros.

Puediendo ser muros del mismo color, textura y/o material.

FIG 2.

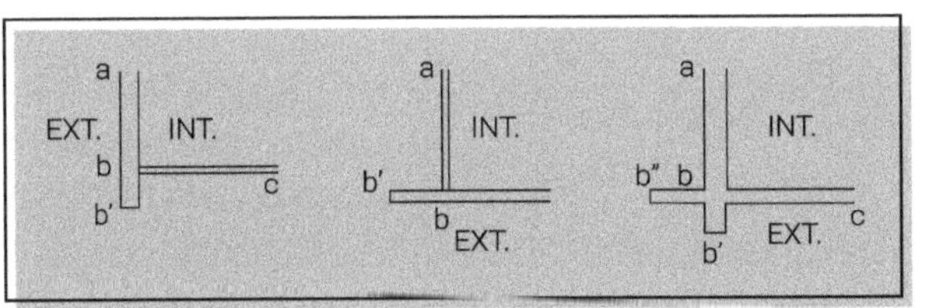

2 Se pueden hacer combinaciones de muros con ventanas considerando salientes o con soluciones a tope, segun lo requiera el diseño arquitectónico.

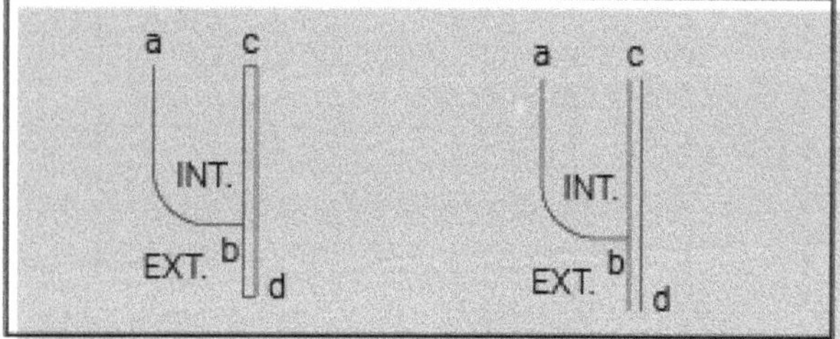

FIG 3.

3 Caso en que se tiene una fachada escalonada en la forma en que puede ver en la figura 3.
Pueden ser macizos (a-b), (c-d), (e-f) y (g-h) y claros los restantes.

Pueden ser todos claros o macizos. En este caso se puede aplicar el criterio señalado en el caso I. Puede ser (a-b-c) y (e-f-g) macizos y el resto claros.

También pueden ser todos de diferentes magnitudes, siempre y cuando haya ritmo en la composición y procurando que no haya muchos cambios. En este caso se puede aplicar también el criterio señalado en el ejemplo II.

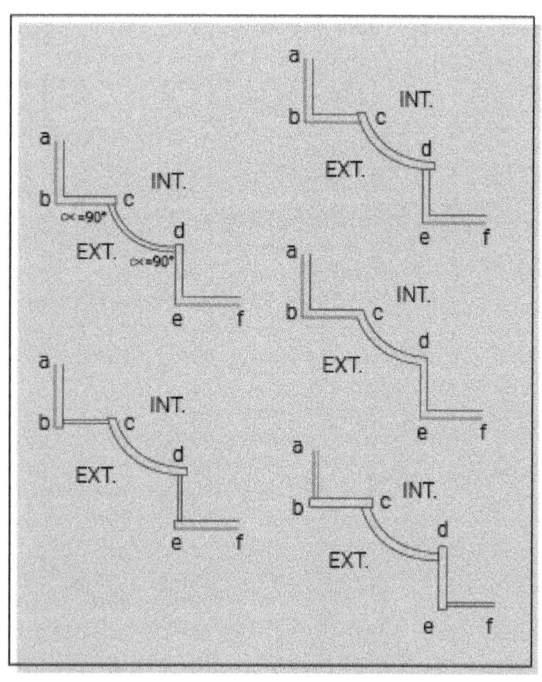

FIG 4.

4 En el caso en que se tenga un diseño como el que se muestra en la figura, se pueden aplicar los criterios señalados en los puntos I y II, sobre todo en (a-b-c) y (e-f-g); en cambio, la curva (c-d) puede ser tratada como un claro. Si todos los elementos (a-b-c-d-e-f) son macizos debe aplicarse el criterio señalado en el caso I, para combinar materiales duros y blandos, haciendo por ejemplo que (a-b-c) y (e-f-g) presenten características de dureza en su textura y la parte curva (c-d) sea blanda o viceversa; o que los elementos duros y blandos vayan alternados.

En este diseño existen dos ángulos que no deben ser menores de 90°. Este tipo de ángulos agudos sólo se deben emplear por aquellos diseñadores con experiencia estética y en condiciones muy especiales y limitadas.

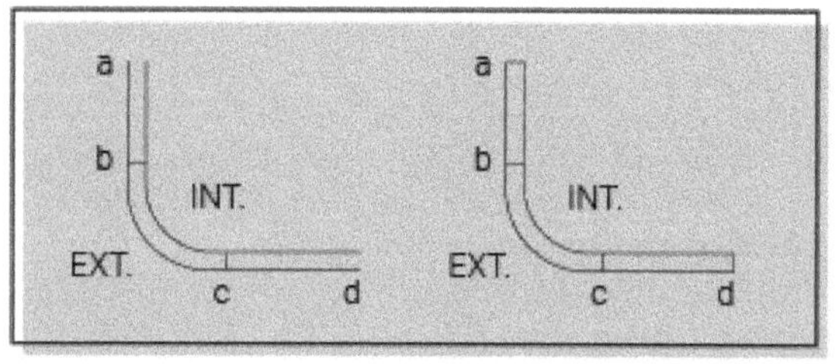

FIG 5.

5 Cuando se enlazan muros con superficies curvas y rectas debe tenerse extremo cuidado para que no se marquen quiebres o inicios y terminaciones de la curva. El acabado final debe presentar la continuidad de los elementos en forma clara y limpia. Esto debe hacerse como se señala en el punto VII.

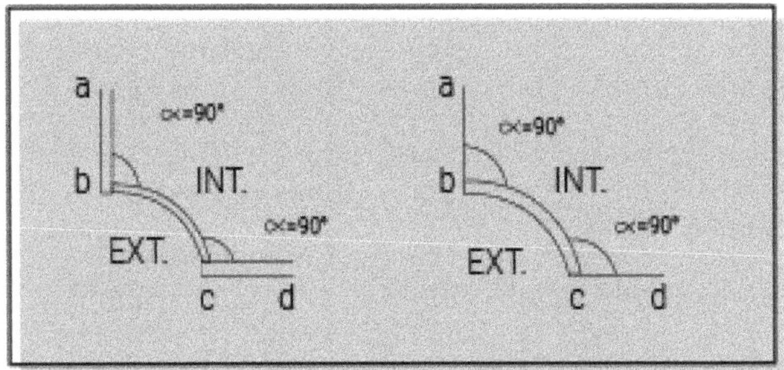

FIG 6.

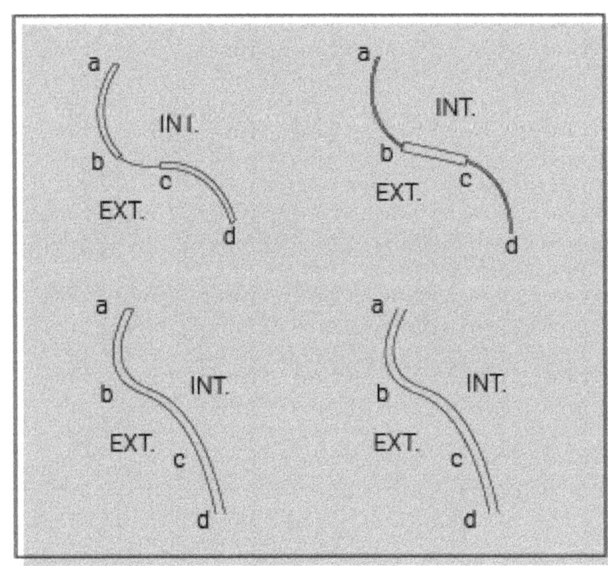

FIG 7.

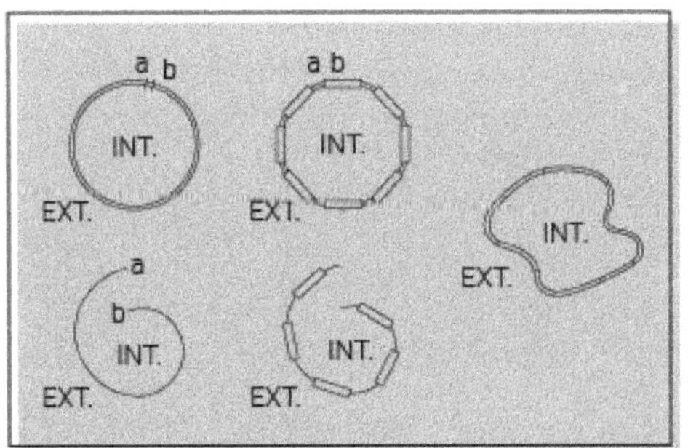

FIG 8.

6 Los elementos (a-b) y (c-d) pueden ser macizos y (b-c) claro, o viceversa. Ambos son casos no difíciles de resolver y se puede aplicar el criterio señalado en el caso 2.

Cuando (a-b) y (b-c) sean macizos y (c-d) claro o viceversa, se usará el criterio señalado en caso 1.

Ambos casos son difíciles de resolver. Conviene que los ángulos A y B sean de 90° o ligeramente mayores.

7 Cuando el diseño de una fachada nos presenta una curva totalmente continuada pero no uniforme, sino que tiene "x" número de radios y además, (a-b-c-d) son puntos en cualquier lugar de su trayectoria siendo variable la distancia entre ellos, o bien, equidistantes, pueden darse los casos siguientes:

Que (a-b) y (c-d) sean macizos y (b-c) sea claro, en cuyo caso en los puntos (b) y (c) se puede aplicar perfectamente lo dicho en el II. Lo mismo puede aplicarse en los puntos (a) y (d). También pueden ser (a-b) y (c-d) claros y (b-c) macizo, en cuyo caso los puntos (b) y (c) pueden tratarse como en el caso 2.

Cuando todo el elemento (a-d) sea un sólo claro, y es una terraza, no hay problema, pero si es ventana debe ponerse vidrio curvo que de no encontrarse en el mercado hay que mandarlo hacer a la medida. Cuando todo el elemento sea macizo se deben desechar los materiales brillantes.

8 Si el diseño de una fachada presenta una curva cerrada (a-b) como se muestra en la figura, puede tratarse en su totalidad como un claro o como un macizo. Puede darse el caso de que la curva, presente macizos y claros intercalados, formando gran variedad de ritmos y tamaños, incluso los macizos pueden ser inclinados o cortados y no necesariamente verticales. De cualquier forma, pueden aplicarse aquí los criterios señalados para los otros casos en los que hay curvas uniformes o con variables como en el punto 7.

Si la curva no es un círculo cerrado, sino una espiral u otra curva cualquiera en la que los puntos (a) y (b) no coincidan, pueden darse también los casos ya mencionados.

Si la solución presenta una curva caprichosa como la que se muestra en la figura, también son aplicables los criterios ya señalados, pero hay que tener especial cuidado en las uniones para que presenten una continuidad diluida o tangente.

Los puntos (a) y (b) pueden ser verticales, inclinados o de formas diversas de acuerdo al criterio estético del diseñador. A su vez, estos puntos pueden estar o no, dentro de la misma horizontal, incluso pueden ir ascendiendo desde (a) hasta (b), o establecerse en su trayectoria macizos y claros de diferentes dimensiones, pero siempre de acuerdo con la función interior a que correspondan y en cada cambio de claro a macizo o viceversa, aplicar los criterios ya señalados para los casos presentados.

9 Si el diseño presenta una solución alternada de curvas y rectas como la que se muestra en la figura, también son aplicables los criterios presentados en el punto 8. Este tipo de soluciones también son para los casos en que el diseño sea en forma de zigzag a 90°.

10 Cuando la combinación de elementos presenta un diseño como el que se muestra en esta figura, hay que aplicar los criterios ya mencionados para los casos similares a la parte curva (a-b). Sólo hay que tener cuidado con el elemento recto (c-d) que puede ser macizo en contraste con la curva que puede ser claro. Sin embargo, lograr una buena solución para este caso requiere de experiencia en el diseño arquitectónico y un sentido plástico bien desarrollado por parte de quien hace el proyecto.

FIG 9.

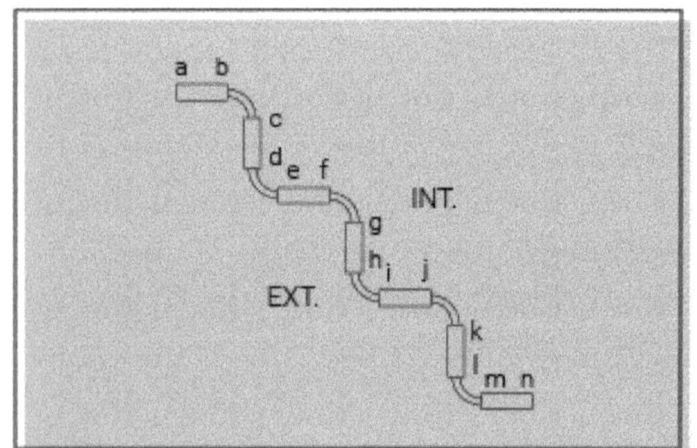

FIG 10.

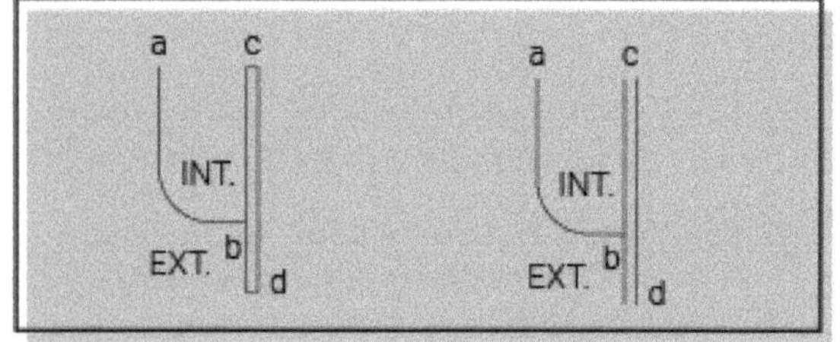

FIG 11.

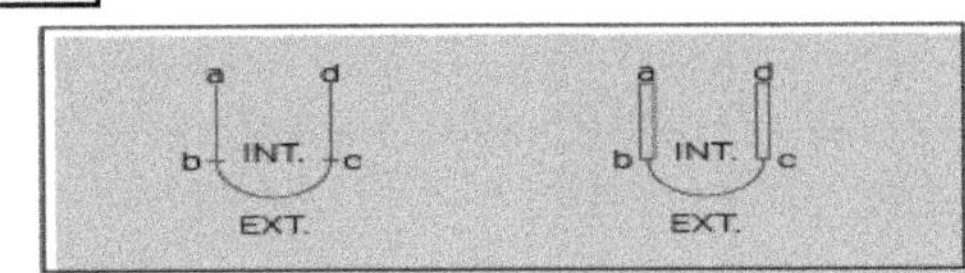

FIG 12.

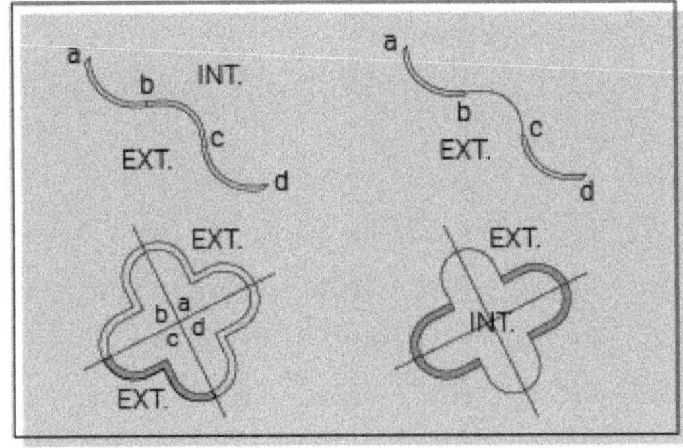

FIG 13.

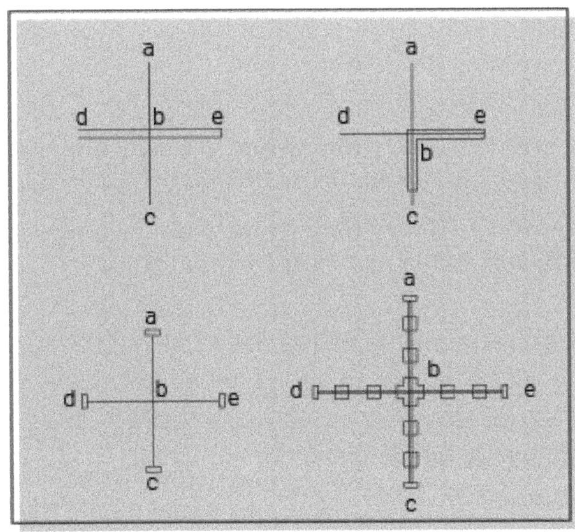

11 Para la solución de un caso como el que se muestra en esta figura, deben aplicarse los criterios señalados en los puntos 7 y 8, evitando lo que se marcó en 5.

12 Cuando el diseño está formado por entronques de curvas con curvas, hay que tener mucho cuidado por las dificultades que existen en cualquier solución que se dé. Es decir, este caso no es recomendable porque la solución del proyecto plástico siempre presenta fuertes dificultades. Sin embargo, de tenerse que solucionar un proyecto en esta forma, se recomienda que (b-a-d) sea de un mismo material o que se vayan intercalando ahí, en forma alternada, claros y macizos, o que esta parte sea de un solo material en cuyo caso conviene que en (b-c) se cambie de material o de color. Si en el diseño se forma un ángulo como que el que aparece en el punto (b) o (d), conviene que este sea de 90° o más. En lugares como el señalado con la letra (c) conviene el cambio de material o de forma de solución, pasando de claro a macizo o viceversa.

13 Cuando el diseño presenta dos cuerpos que se cruzan a 90° como se muestra en esta figura pueden darse los casos siguientes:

Que se presenten en forma alternada claros vidriados y macizos en los diferentes cuerpos que se cruzan. Por ejemplo que (a-b) y (b-c) sean claros y (e-b) y (b-d) sean macizos.

Que (a-b-d) sean claros vidriados (e-b-c) macizos.

Que sólo las cabeceras en (a), (d), (c) y (e) sean macizos y todo los demás sean claros vidriados.

Que, en todos los elementos, (a-b), (b-d), (b-c) y (b-e), vayan alternados los claros vidriados con los macizos, usando toda la diversidad de elementos que la imaginación pueda ofrecer. Estos claros vidriados y macizos, además, pueden ser de medidas o tamaños y formas iguales o diferentes. Las paredes no sólo pueden ser verticales sino también presentar taludes hacia adentro o hacia afuera. Las cabeceras pueden sobresalir para darles una forma diferente. Los elementos también pueden, presentar no sólo paramentos de fachada continuados sino también a base de cambios de planos, etc.

En todos estos casos se pueden aplicar los criterios señalados en los puntos anteriores, según sea el caso.

14 Si un diseño presenta la forma aquí ilustrada, pueden ir alternados los elementos que constituyen claros vidriados o abiertos con los macizos. Es decir, si (a-b) es macizo, (b-c) es claro, repitiéndose este modelo en (c-d) que vuelve a ser macizo y (d-e) claro vidriado o abierto. Finalmente, (e-f) es macizo. El problema de los ángulos agudos en el diseño es que cuando el edificio ya esté en uso, los espacios que generan son difíciles de utilizar y pueden ser lugares de acumulación de basura.

Sin embargo, esta forma de diseño no sólo sirve para ornato o como diseño artístico, sino que se puede utilizar para controlar o evitar los vientos dominantes o el asoleamiento.

Este diseño también se puede utilizar para control de iluminación natural, dependiendo del color con el que se pinten los diferentes elementos macizos o muros, para que puedan reflejar más o menos luz, según se quiera o necesite.

Puede darse el caso de que los elementos claros y macizos se presenten en forma contraria a la expuesta, es decir que (a-b) sea claro vidriado o abierto, (b-c) macizo, (c-d) claro vidriado o abierto, (d-e) macizo y finalmente (e-f) claro vidriado o abierto. Esta forma también puede tener diversas aplicaciones estéticas y funcionales, dependiendo de la creatividad e imaginación del diseñador.

Puede darse el caso de que los elementos claros

FIG 14.

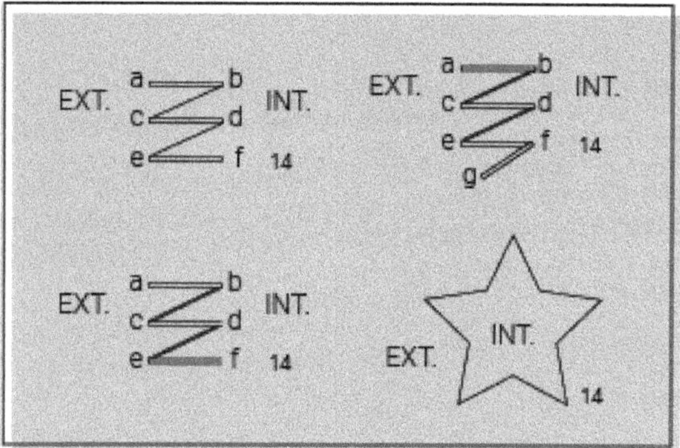

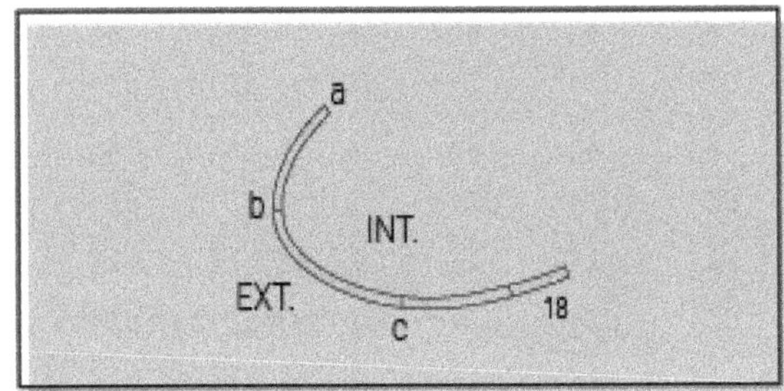

FIG 15.

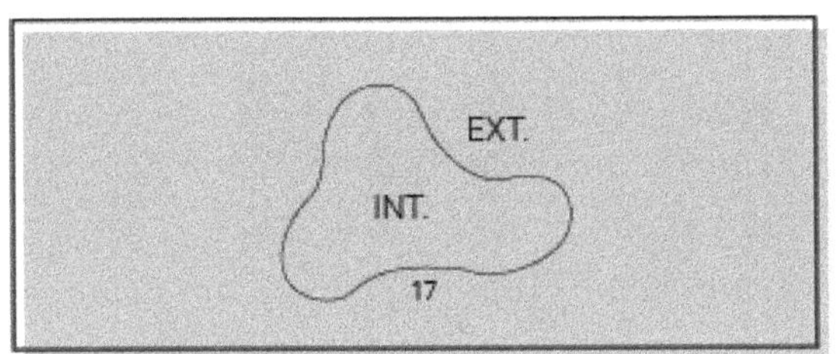

FIG 16.

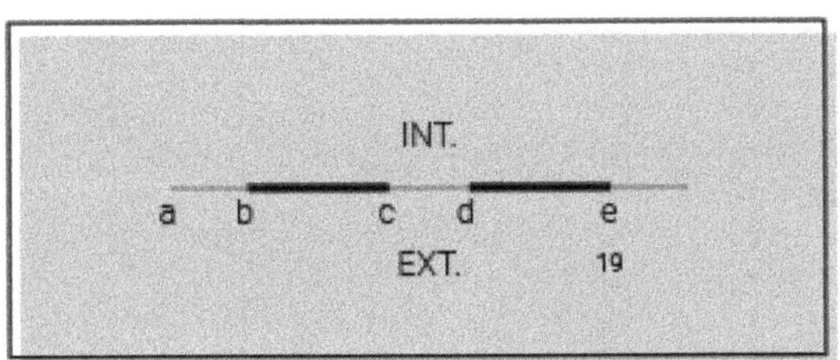

FIG 17.

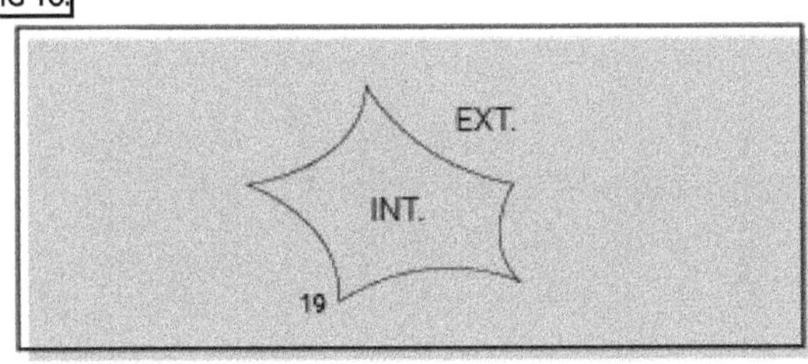

FIG 18.

y macizos se presenten en forma contraria a la expuesta, es decir que (a-b) sea claro vidriado o abierto, (b-c) macizo, (c-d) claro vidriado o abierto, (d-e) macizo y finalmente (e-f) claro vidriado o abierto. Esta forma también puede tener diversas aplicaciones estéticas y funcionales, dependiendo de la creatividad e imaginación del diseñador.

15
16
17

La verdad es que tanto el diseño presentado en la figura 14 como los diseños que presentan las figuras 15, 16, y 17, son muy caprichosos, pero pueden tener aplicación para el diseño de pabellones de feria, o para elementos arquitectónicos de lucimiento o de ornato.

18

La figura que se presenta es un caso similar a los que se tratan en el punto 8.

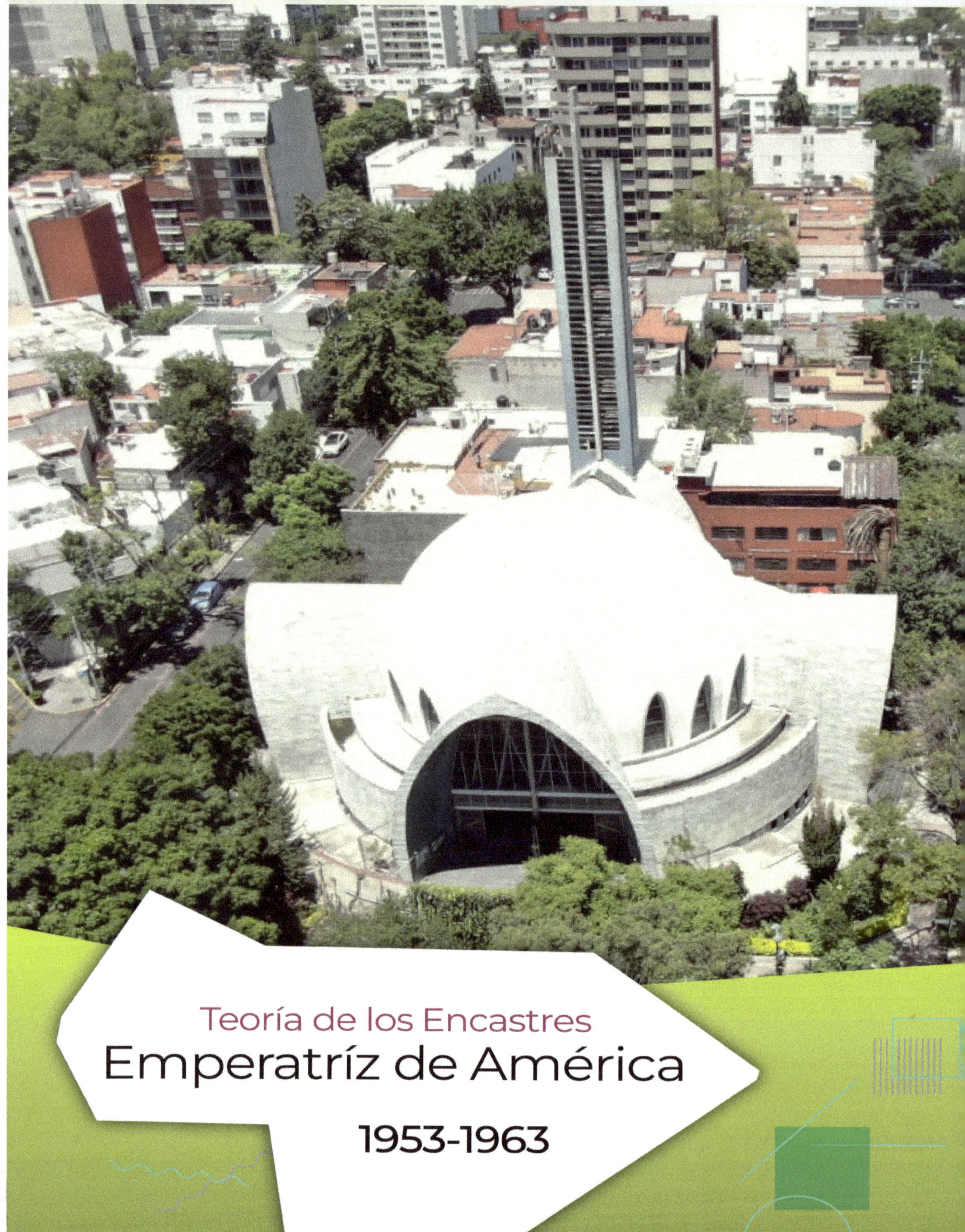

Teoría de los Encastres
Emperatríz de América
1953-1963

Planta Baja

Una de las obras más importantes es, sin duda, el proyecto arquitectónico del Santuario de Nuestra Señora de Guadalupe, Emperatriz de América, ubicado en la Colonia San José Insurgentes de México, D.F.

En esta obra sólo desarrolló el aspecto arquitectónico, mientras el constructivo y de cálculo lo llevó a cabo el Ing. Juan Álvarez Domenzain. Este último fue el director general de la obra y también colaboraron con él, además del Arq. Hernández Mendoza, otros profesionales del ramo de la ingeniería.

En esta obra se puede apreciar una correcta aplicación de la teoría de los encastres.

B10) TEORÍA DEL DISEÑO DE PLAFONES DIRIGIDOS

ASÍ COMO MAMPARAS Y PERSIANAS OSCURECIBLES, CON FUNCIONES MÚLTIPLES COMO CONDUCTORAS DE VIENTOS E ILUMINACIÓN SOLAR.

LOS PLAFONES
Deben presentar inclinaciones razonadas para reflejar la luz y propiciar con ello mayor iluminación interior.

LAS MAMPARAS Y PERSIANAS
Deben colocarse de tal forma que obstruyan o reflejen, según sea el caso, el paso de la luz y de los vientos dominantes.

Así, se conviertan en elementos controladores de la iluminación y el microclima interior, haciendo más funcionales y confortables los espacios arquitectónicos.

Diseño de plafones del Arq. Hernández Mendoza, que llamó:

DE ALA DE MARIPOSA

SU FINALIDAD FUNCIONAL:
Reflejar la luz que penetra al interior de los espacios arquitectónicos, para iluminarlos mejor.

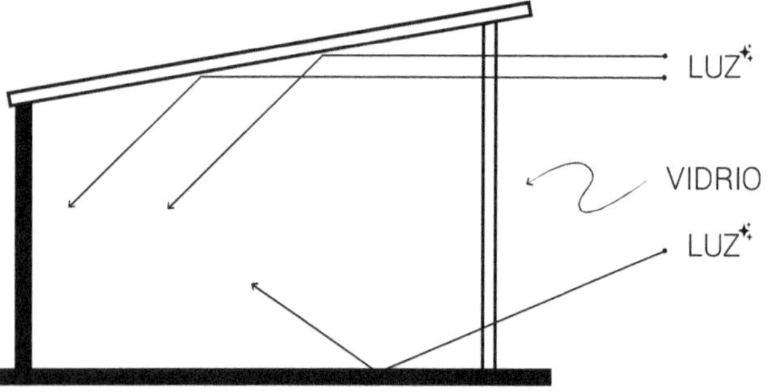

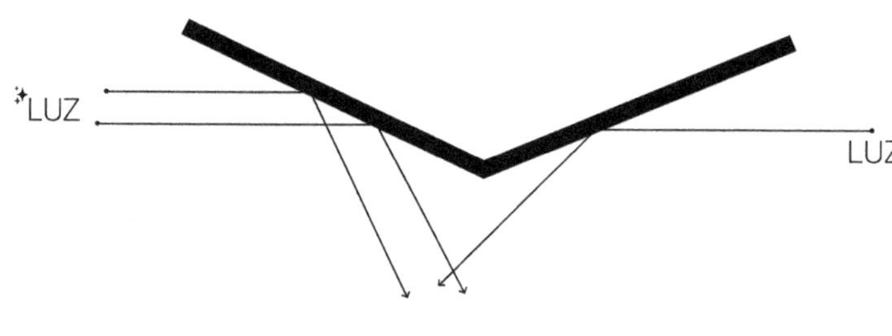

B11) TEORÍA DE LAS FACHADAS

PROCEDIMIENTO PARA PROPORCIONAR FACHADAS DE CUALQUIER GÉNERO DE EDIFICIOS

Esta teoría consiste en un análisis profundo de todos los elementos que las integran, los cuales deben cumplir también la doble función física y psíquica de la Arquitectura Escénica. El procedimiento se resume en el siguiente esquema:

SEGUIMIENTO DE 15 RECOMENDACIONES DEL ARQ. HERNÁNDEZ MENDOZA PARA EL DISEÑO DE FACHADAS DE DOBLE FUNCIONALIDAD

ESTUDIO DE LA QUINTA FACHADA

RESULTADOS ACORDE CON LOS POSTULADOS DE LA TEORÍA ESCÉNICA DE DOBLE FUNCIONALIDAD (FÍSICA Y PSÍQUICA)

PROCEDIMIENTO PARA PROPORCIONAR FACHADAS DE CUALQUIER GÉNERO DE EDIFICIOS.

1 Procurar por todos los medios posibles soltar o separar de las fachadas todos los elementos estructurales, tanto en plantas (trabes y losas) como en alzados (columnas y muros) usando lo que podemos llamar el plan libre en fachadas.

2 Considerar que los entrepisos (alturas) pueden variar entre un mínimo y un máximo en su altura, dentro de los términos naturalmente correctos.

3 Investigar al mínimo y al máximo la longitud de fachadas dentro de la lógica.

4 Considerar que cada una de las fachadas está desprendida de las adyacentes.

5 Apoyándose en las mínimas y máximas alturas y en los mínimos y máximos desarrollos horizontales proporcionar una sola fachada, de acuerdo con el sentido plástico del proyectista, la fachada de más calidad o la principal.

6 Estudiar las varias proporciones posibles y analizarlas con calma, de tal manera que arrojen un sentimiento de agradabilidad al proyectista. Hay que hacer la aclaración de que estos estudios se limitan exclusivamente a sus dos longitudes de fachada considerándolas completamente ciegas (cerradas). Hacer lo mismo con cada fachada y cada uno de los cuerpos considerándolos por separado. Cuando ya estén las proporciones de cada una de las fachadas con la máxima calidad plástica posible, presentar el conjunto en cada una de sus cuatro proporciones (cuatro orientaciones).

7 Si el conjunto de todas ellas no forman una asociación de superficies de alta calidad, se procederá a afinar ligeramente aquellas fachadas que a juicio del proyectista necesitan variarse para que el conjunto sea armónico, pensando siempre en las máximas y mínimas de lo que hablamos antes y tomando en cuenta que las fachadas adyacentes deben por lo general, ir con la misma altura y con los mismos niveles de estructura, para los cuales es indispensable que en cada fachada que se estudie haya un esquema a manera de radiografía (completamente velada) que presente el corte de la estructura que va atrás de ella. Corte que a juicio del proyectista tenga las alturas convenientes de acuerdo con los estudios anteriores.

8 Por medio de perspectivas isométricas de todas las fachadas, cubrir todos los ángulos de la obra por realizar.

9 A manera de complemento del párrafo anterior, conviene tener en cuenta al elegir los materiales y colores del revestimiento, que tienen distintos grados, no sólo de variación sino también de blandura o dureza a la vista y de la sobriedad en la elección y de su combinación dependerá, en parte, el éxito de su resultado plástico. En general para superficies adyacentes se buscará que entren materiales duros a la vista, alternados con otros blandos, sin poderse establecer ninguna regla, dependiendo esto de cada caso particular.

10 Después de haber estudiado los distintos aspectos marcados en los párrafos anteriores, se complementará el estudio de los párrafos 11,12,13 y 14 en la siguiente forma:

11 Se estudiará cada fachada en forma independiente, apoyándose en los cortes que a manera de radiografía se tienen de cada una de ellas, pero utilizándolos en la forma y para los fines que a continuación se expresan:

12 Apoyándose en la función de iluminación, ventilación e insolación se procurará que su diseño cumpla debidamente con esas funciones, ejemplo: en cuanto a iluminación se harán estudios de las alturas mínimas y máximas de un recinto, para que el prisma de luz que entre en el mismo sea el requerido a cada función del espacio arquitectónico (buscar en estándares o manuales).

13 Por lo que respecta a insolación, buscar el beneficio de los rayos del sol producto de un estudio solar a base de gráficas, hechas para cada proyecto según sea la longitud, latitud y orientación de cada recinto. De acuerdo con esas gráficas buscar las posiciones más adecuadas de las ventanas y las alturas de los vanos, teniendo para ello ciertos desplazamientos admisibles, sin variar un ápice su calidad.

14 Otra de las funciones de las ventanas es la de permitir la ventilación del recinto. Para el arquitecto los medios artificiales de ventilación deberán ser usados sólo en casos extremos cuando se hayan extinguido las posibilidades de la ventilación natural. Para ello deberán consultarse los reglamentos y la normatividad general correspondiente de tal manera que se utilicen lo menos posible y sólo en aquellos sitios que lo requieran. Pero las ventanas deben permitir siempre una ventilación adecuada al uso del recinto al cual le están resolviendo esta función.

15 Por último, basados en la psicología y forma de ser de quienes van a utilizar o habitar el edificio de que se trate, se deben buscar los detalles, colores, acabados y texturas adecuadas para cada fachada, con la finalidad de que el edificio realmente haga que esas personas se sientan bien no sólo porque el edificio sea funcional desde el punto de vista físico, sino también porque lo sea desde el punto de vista psíquico.

LA QUINTA FACHADA

En relación a este tema, el Arq. Hernández Mendoza siempre recomendó que las azoteas se estudiaran como si fueran una quinta fachada. Siempre fue partidario de la idea surgida del Funcionalismo de Le Corbusier en el sentido de que las azoteas deben tener un uso. Por eso en muchos de sus proyectos las resolvió como zonas de estar, formadas por terrazas y áreas a cubierto, como es el caso de la residencia que proyectó y construyó en Chimalistac, CDMX (ver obras).

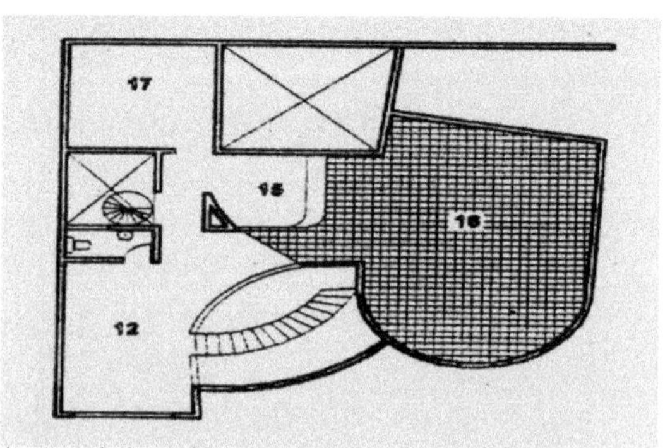

Azotea de la residencia de Chimalistac, CDMX, proyectada por el Arq. Hernández Mendoza. En donde 12, vestíbulo y zona de estar a cubierto; 15, barra de servicio; 16 terraza y zona de estar a descubierto y 17, bodega de objetos y muebles para la terraza.

B12) TEORÍA DE LOS EDIFICIOS PANTALLA DE REFLEXIÓN RECÍPROCA EN LA ARQUITECTURA.

Sobre esta teoría enunciada por el propio Arq. Hernández Mendoza en uno de sus curriculum, no fue encontrado nada en sus archivos ni en los apuntes de sus alumnos, sin embargo, es de suponerse que se trata de lo siguiente:

TEORÍA RELACIONADA CON LA **COLOCACIÓN DE DIFERENTES EDIFICIOS** QUE TOMAN UNA UNIDAD ARQUITECTÓNICA O URBANA

Se deben **UBICAR EN EL TERRENO** de tal manera que **NO SE ESTORBEN PARA SU CORRECTO ASÓLEAMIENTO** sino por el contrario, se ayuden reflejando cada uno sobre los demás, la luz solar de acuerdo a las necesidades del proyecto

En una fotografía de la ESIME refiriéndose a ese proyecto, escribió:

"Las superficies inclinadas que se aprecian en el exterior, se proyectaron para dar reflexión recíproca de rayos solares del edificio que se emplazará enfrente".

B13) EDIFICIOS DE INCLINACIÓN RAZONADA.

De esta Teoría, que también, sólo aparece en un listado curricular, no se encontró nada ni en los archivos ni en los apuntes de los alumnos del Arq. Hernández Mendoza, suponiéndose únicamente, qué se trata de una teoría relacionada con el mayor o menor número de usuarios de los diferentes niveles arquitectónicos de un edificio, lo que significa, al igual que en las "Escaleras de pendiente suavizada y ancho razonado", lo siguiente:

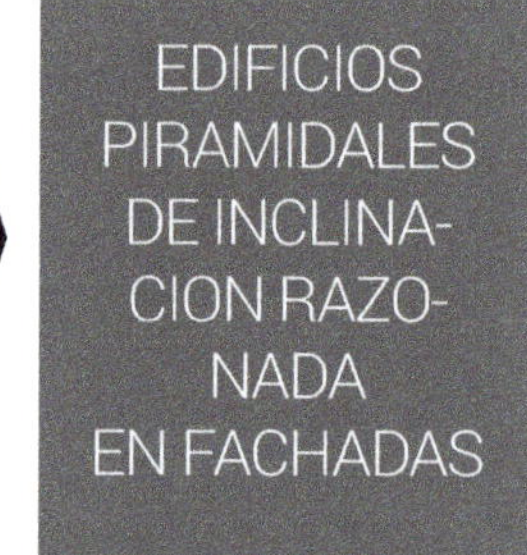

CONJUNTO DE EDIFICIOS COMERCIALES Y DE OFICINAS, DIBUJO DEL ARQ. HERNÁNDEZ MENDOZA.

B14) TEORÍA DE LA ARQUITECTURA DE PAISAJE.

La "Arquitectura de paisaje" es algo que el Arq. Hernández Mendoza siempre desarrolló en todos sus proyectos. Por ello, lo que decía relacionada con este tema consiste en:

TERRENO
Donde se va a desarrollar un proyecto

CONOCIMIENTO
De las características: topográficas, tipo de suelo, composición geológica, orientaciones, vientos dominantes, lluvias, temperaturas, tipo de vegetación que ahí se puede sembrar, etc.

DESARROLLO DEL PROYECTO
Elaborando diseños de jardinería adecuados y acordes con todo ello

Áreas verdes proyectadas por el Arq. Hernández Mendoza para la residencia del actor don Fernando Soler, magníficos ejemplos de la importancia que tenía para él la integración de la arquitectura y el paisaje.

Collage artistico de JLHM elaborado por la ARQ. Yetlanetzi Alicia Martínez Barajas, extraido de su tesis de la UNAM.

LAS TEORÍAS DEL GRUPO "C" ARQUITECTURA ESCÉNICA Y URBANISMO C1) TEORÍA DE LA CIUDAD ESPIRAL

NECESIDAD DE CRECIMIENTO URBANO

PLANEACIÓN URBANA REGIONAL QUE INCLUYE ÁREAS PARA LA CREACIÓN DE NUEVOS NUCLEOS DE ASENTAMIENTOS HUMANOS Y SUS EMPLAZAMIENTOS

APLICACIÓN DE CINCO CONSIDERACIONES GENERALES PARA LA CREACIÓN DE LOS NUCLEOS URBANOS EN FORMA DE CIUDAD ESPIRAL

RESULTADO: CRECIMIENTO URBANO ORDENADO

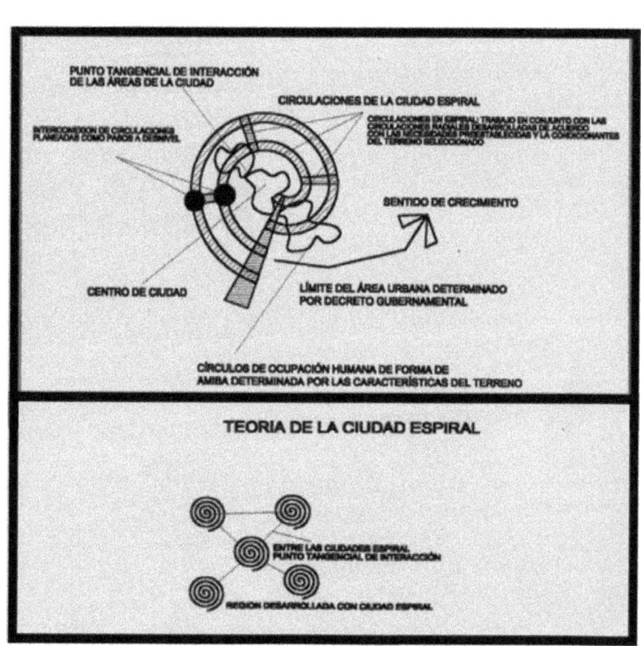

1. La ciudad espiral es una ciudad abierta al tiempo con el tope absoluto a su crecimiento, una vez que se ha cumplido su capacidad, la que por ley preestablecida nunca deberá rebasarse, sólo admitiéndose la substitución, con personas o familias de características homogéneas (semejantes) entendiendo la homogeneidad no sólo de miembros sino de condiciones sociales, económicas y culturales.

   La estadística y la demografía deberán tomarse en cuenta para poder permitir el ingreso cuando por emigración o muerte haya vacantes.

2. La ley deberá contemplar las vacantes en las familias, no para sustituir a sus miembros fallecidos sino para ocupar los sitios libres en habitaciones para hombres o mujeres solos, y únicamente sustituir el hogar de una familia, en los casos de viajes, invalidez e incapacidad de sustituirse por sí sola, en cuyo caso pasarán a formar parte de la instalación respectiva.

3. Las circulaciones en espiral no interferirán con la circulación radial y se interconectarán con ella al través de conexiones a desnivel.

4. La ciudad va creciendo con todos sus grupos del centro a la periferia, pero ubicándose dentro del sitio determinado por el proyecto, guiado por esta teoría.

5. En realidad, este tipo de ciudad tiene la facilidad del crecimiento de la ciudad lineal y las ventajas de la ciudad concéntrica.

C2) TEORÍA MAGNÉTICO ESPACIAL DEL DISEÑO DE CIUDADES Y CONJUNTOS HABITACIONALES EXPERIMENTALES CON CAMBIOS DE VARIABLES.

"Es una teoría magnético espacial en la cual los diferentes espacios que integran una ciudad o conjunto, están sujetos a determinada atracción y repelencia, posición relativa, jerarquía, frecuencia de uso, tiempo de permanencia, afinidad o semejanza, así como complementariedad, entre otros importantes aspectos".

ESTUDIO Y SEGUIMIENTO DE LAS 20 CONSIDERACIONES
PARA EL DISEÑO DE CIUDADES, TALES COMO
LA DETERMINACIÓN DEL CENTRO DE GRAVEDAD
PARA LA LOCALIZACIÓN DE LA PLAZA DEL ENCUENTRO
Y OTRAS.

OBTENCIÓN DE UN ÓPTIMO DISEÑO URBANO
ACORDE CON LA TEORÍA ESCÉNICA

Teoría estructurada con visión realista  Conformada para que tenga aplicabilidad directa  En una gran urbe que se planea establecer

 En problemas modestos o conjuntos urbanos, suprimiendo del gran plan lo que así se requiera y adaptando sus variables a cada caso y circunstancias.

VEINTE CONSIDERACIONES PARA EL DISEÑO DE CIUDADES

1   "Esta Teoría considera que la ciudad, la urbe, es el fusor donde el hombre no sólo habita como ente digno, sino que es un crisol donde él y sus queridos seres en conjunto con los demás seres humanos, forja, estructura y modela su carácter, su temperamento y su propia personalidad, acrecentando así sin límites, sus más auténticos y altos valores en beneficio propio, de la familia, de la sociedad y de la patria".

2   "Una metrópoli, una ciudad, un modesto poblado o conjunto donde el hombre viva y se desarrolle pleno, gozando filosóficamente de ideas de plenitud y libertad".

3   "Donde el hombre y los suyos transcurran toda su vida con placer y dignidad, llevando la conciencia de amistad, relación, trabajo, descanso, recreación, oración, civismo, una alta ética y política, cuidado de salud, deporte y ejercicio de cultura, servicio, relación de amor patrio acendrado, amor a las conquistas, tradiciones y héroes, respeto y buena relación recíproca entre pueblo, autoridades civiles, religiosas y entidades varias".

4   "La teoría de las ciudades forma un todo orgánico de sistema celular elástico magnético que siendo en teoría circular y radial, ubicando en posición relativa todas sus áreas, se deforma para adaptarse a las más diversas circunstancias de extensiones de terreno, barreras naturales, relieves topográficos y climas, cualquiera que sea su posición en el globo, así como diversos sistemas político-económicos de gobierno".

5   "La teoría parte de considerar aplicada a una gran urbe (para presentar) sus más diversas variables y programa más extenso, las que se irán suprimiendo, aglutinando y adaptando a medida que en cada caso se vaya requiriendo, hasta llegar al poblado más sencillo o un conjunto urbano. La relación de sus partes o posición "relativa" de unas con otras obedece a facilitar la relación, la armonía, la colaboración y, entre otras, el procurar el avance, el bienestar, el desarrollo y el progreso por el saber, la cultura y el entusiasmo patrio o amor a las ideas o al terruño".

6   "Aunque esta teoría se tache de audaz y utópica, apartándose de otras, es un estudio sagaz meditado que invita a un cambio, a un nuevo concepto de ciudades y comunidades que bien merece llevarse a una realidad promoviendo el cambio de algunas leyes caducas y legislando su contenido".

7   "Otra de sus características es el más acendrado respeto al hombre y a su dignidad, para que la ciencia, el arte y la tecnología sean para su servicio y estas no minimicen al hombre y se pulverice dentro de la mediocridad y la masa, como está pasando en el mundo. Es una teoría que se levanta en contra de lo caduco y mediocre, exaltando el saber, la ética, la lealtad y el progreso por la inteligencia y la colaboración con entusiasmo, conocimiento y vergüenza propias".

8   "Descubrir que la venda, la ceguera y el eufemismo que han regido, luchando cada entidad aislada y raquíticamente, están impidiendo el progreso y que la relación, el respeto y la unión se fortalezcan y progresen; y en lugar de que las universidades, institutos, tecnológicos y entidades científicas y culturales luchen solas o sean antagónicas a los poderes civiles y religiosos, se unan sin perder su esencia y colaboren en todo". "Por eso en esta teoría me aparto de los términos ya estereotipados y produzco mis propios términos puesto que voy por metas diferentes".

9   "Por todo esto y lo que se vaya describiendo en el transcurso de este estudio, en el centro de gravedad de una metrópoli, considero debe ubicarse "la plaza del encuentro" donde todo ciudadano pueda concurrir en un solo horario o diferentes turnos, a exponer sus problemas, escuchar sus soluciones, festejar fechas gloriosas y a diario poder encontrarse con todos los ciudadanos sin distingos de ideologías, religiones y situaciones socio-económicas y culturales".

"Esta Plaza del encuentro es, a la vez, punto de llegada o salida de helicópteros de personalidades locales o extranjeras de cualquier índole". "Es a su vez refugio y sitio resguardo y protección para casos de emergencia, estando en su parte inferior las instalaciones pertinentes".

"La Plaza del Encuentro tendrá en puntos estratégicos, sitios de observación, comunicación y enlace con garitas en los perímetros de la urbe". "Bordeando la Plaza del Encuentro, sitio de concurrencia de las circulaciones expeditas, se emplazarán las diversas entidades gubernamentales y religiosas, así como otras entidades civiles de servicio a la comunidad".

"Su posición destacada, como centro y eje de la urbe y sus conexiones laterales con las diversas entidades de servicio es un llamado a la legalidad, a la honestidad, al trabajo fecundo y honrado, al compromiso. Todo mundo tiene su área reservada en la Plaza del Encuentro en horas y días planeados, así como días libres, cuando estos sean festivos".

"Y esta Plaza del Encuentro, donde en sus bordes se situarán los organismos rectores en las más diversas áreas, su acción y fácil acceso permite, del centro a la periferia, desarrollar la ciudad con una capacidad, "tope", que una vez establecida no deba jamás rebasarse y si hubiere demanda se pensaría en crear otra ciudad nueva aparte, pero jamás permitir más habitantes que el límite planeado y sólo permutas en igual número y condición socio-económica y cultural, con otras comunidades, pueblos o ciudades".

"Aunque la ciudad irradia, del centro rector o de coordinación hacia la periferia, con tendencia, en teoría en forma omnidireccional y en la práctica limitada por barrera u obstáculos naturales insalvables, también habrá fácil y expedita comunicación de la periferia al centro para el pueblo, la sociedad y la gran familia".

En esta continua espiral de la periferia al centro y del centro a la periferia, el hombre y la gran familia desarrollarán su acción con base en el binomio libertad y dignidad y el centro de la espiral vacía, como vestíbulo o estancia abierta para encuentro de los hombres y celebrar actos cívicos, religiosos, recepcionales o fiestas o verbenas populares".

"Esta Plaza del Encuentro o vestíbulo abierto, suaviza las relaciones y mutua comprensión, tanto entre las propias entidades como ente y el Pueblo o entre los varios sectores que forman la sociedad, al conocerse, comprenderse, y poder llegar así a apreciarse, lograr desarrollarse mejor en beneficio de un país o región. Bordeando también la playa, se asentarán las instalaciones que guardan permanentemente los tesoros más sagrados, los aportes culturales, tradiciones que forman el historial de cualquier país, pueblo o región.

"Lógico es que dentro de esa gran espiral que rodea la Plaza del Encuentro, lejos de estar retiradas y haciéndose competencia o estorbando las acciones, las universidades, los institutos y los centros tecnológicos sumen su acción con el organismo rector y ciñan a continuación en las espirales inmediatas a la Plaza del Encuentro, así como bibliotecas, museos y centros culturales que enmarquen la espiral que rodea a la grande o pequeña Plaza del Encuentro, según se requiera en cada caso, proporcional siempre a la población que se aloje. Estos centros así situados viven de cerca la realidad nacional y con más acierto pueden colaborar o asesorar a los diversos sectores, así como comprender mejor los problemas de autoridades y pueblo".

18   "Todas las instalaciones citadas hasta aquí llevarán intercaladas áreas de césped y plantas donde se exhiba a la vez la flora de la región. Estos son a su vez pulmones de césped fresco en el cual podrán ir emplazadas piezas de tipo escultórico presentadas con juicio y arte".

19   "Los centros de estudio, así como las instalaciones de gobierno, religiosas y civiles conservan su independencia y están separadas por grandes franjas de césped, creando sitios arbolados de recreo y esparcimiento sin estorbar la quietud que cada instalación debe tener. Con el fin de tener más interrelación y comprensión entre humanos, los centros de estudio oficiales se intercalarán con los particulares a todos los niveles desde maternal y kínder".

20   "A continuación, avanzando en la espiral del centro a la periferia, tendremos sitios de cultura, esparcimiento, recreación y de alimentos, donde la población estudiantil y profesorado sin distinción de escuelas, pueda tomar alimentos, descansar y distraerse sanamente y también cultivarse. Luego, y en forma también alterna, se ubicarán edificios de despachos, oficinas federales, bancos y tiendas de autoservicio a donde pueda concurrir con facilidad el público que va a la Plaza del Encuentro, los estudiantes, profesores y público en general que requieran tener su despacho u oficina y la facilidad cercana a hacer compras, vender y tomar alimentos. En las ciudades pequeñas se alternarán las tiendas y los despachos con restaurantes y pequeños mercados, oficinas federales y bancos".

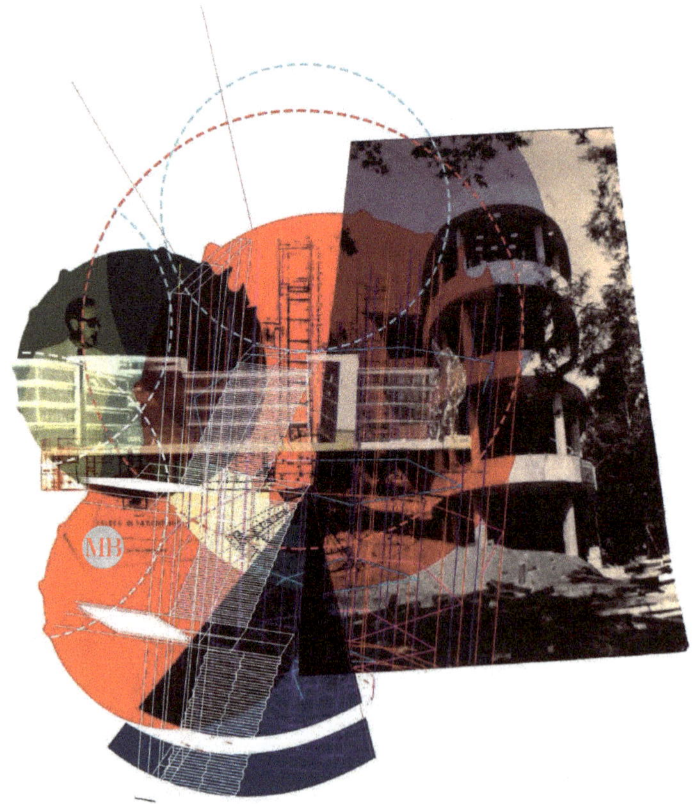

Collage artístico de JLHM elaborado por la
ARQ. Yetlanetzi Alicia Martínez Barajas, extraído de su tesis de la UNAM.

C3) TEORÍA DE LAS CIUDADES EXPERIMENTALES DE ESTUDIO

"La sociedad educa a los individuos con sus valores espirituales propios "

Los individuos educados así, inciden de nuevo en la sociedad y sus múltiples valores; transformando su ámbito a través de su discurso histórico

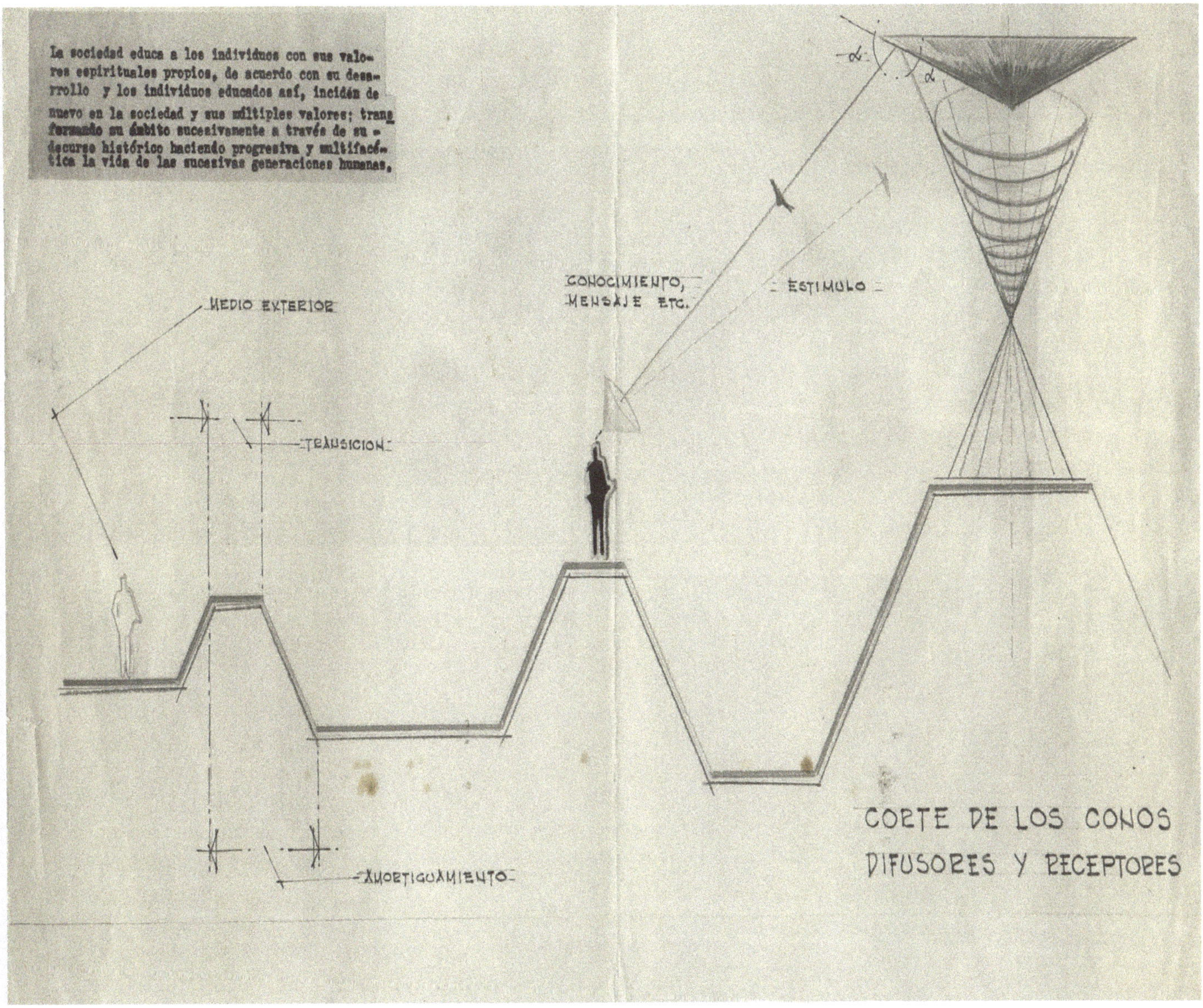

El Arquitecto Hernández Mendoza desarrolla una interesante perspectiva denominada la Teoría de la "Ciudad Experimental del Estudio", la cual propone una organización urbana en la que el centro está conformado por una serie de anillos concéntricos que albergan los diversos niveles educativos. Alrededor de este núcleo se distribuyen diferentes sectores urbanos, como residenciales, comerciales, áreas de desarrollo personal, administrativas y de servicios, conectados por vías de circulación que se extienden en anillos concéntricos y radiales. Esta estructura busca integrar la educación y el estudio en el tejido urbano, permitiendo que la ciudad influya en el proceso educativo y viceversa.

Cuando se aplica esta teoría a una "ciudad del estudio y de la personalidad" en México, se plantea una organización que abarca desde los primeros años de vida hasta

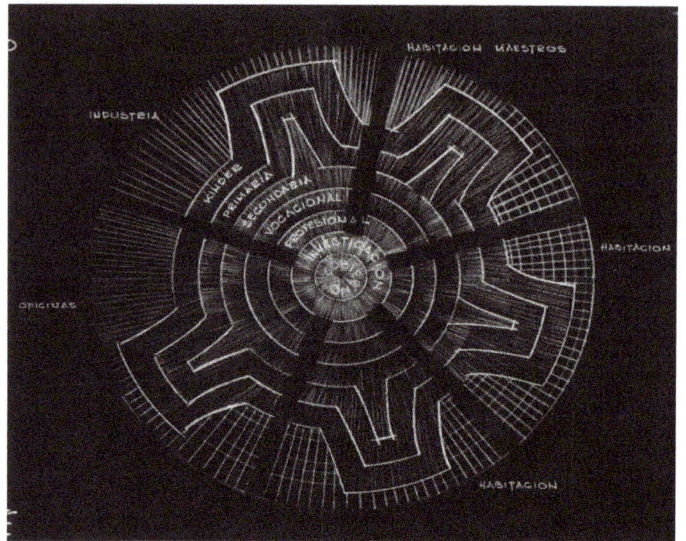

la educación superior, adaptándose a las necesidades vocacionales y profesionales de cada individuo. Este enfoque sugiere una sinergia entre el desarrollo personal y la formación académica, con el objetivo de crear un entorno urbano que favorezca el crecimiento integral de sus habitantes.

Hernández Mendoza destaca la importancia de los elementos de conexión entre el centro educativo y la periferia, señalando que estos pueden variar según el contexto particular de cada ciudad. Además, sugiere

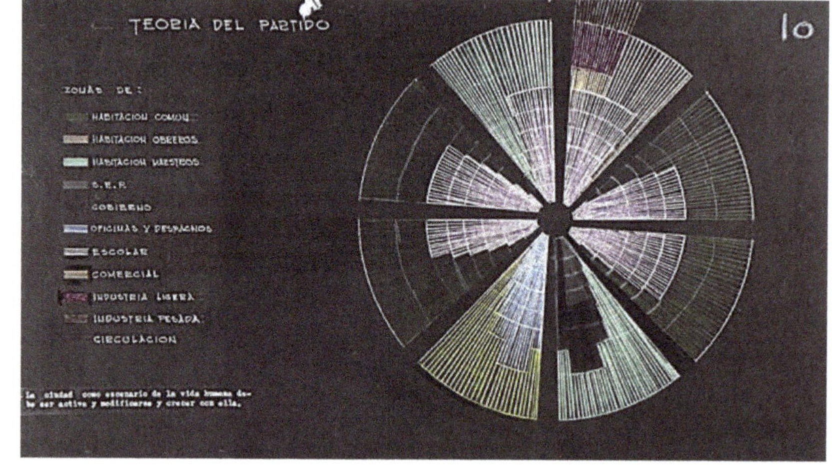

que la ciudad misma debe ser un entorno dinámico, capaz de evolucionar con la sociedad y adaptarse a sus necesidades cambiantes.

En otro aspecto, Hernández Mendoza reflexiona sobre dos enfoques en la educación: uno psicológico, que se conforma con lo relativo, y otro metafísico, que busca lo absoluto, simbolizado por Dios. En este sentido, plantea que la educación debería dirigirse hacia lo absoluto para alcanzar una comprensión más profunda y universal del conocimiento.

Por último, describe la teoría de las ciudades como una estructura flexible y adaptable, capaz de ajustarse a las características físicas, culturales y socioeconómicas de cada lugar. Esta visión de la ciudad como una entidad dinámica y en constante evolución refleja la comprensión de Hernández Mendoza sobre la interacción entre el entorno urbano y la vida humana.

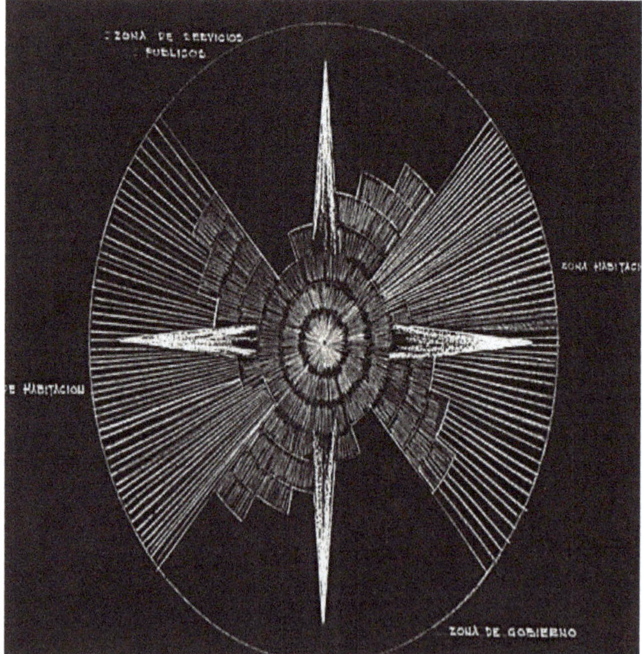

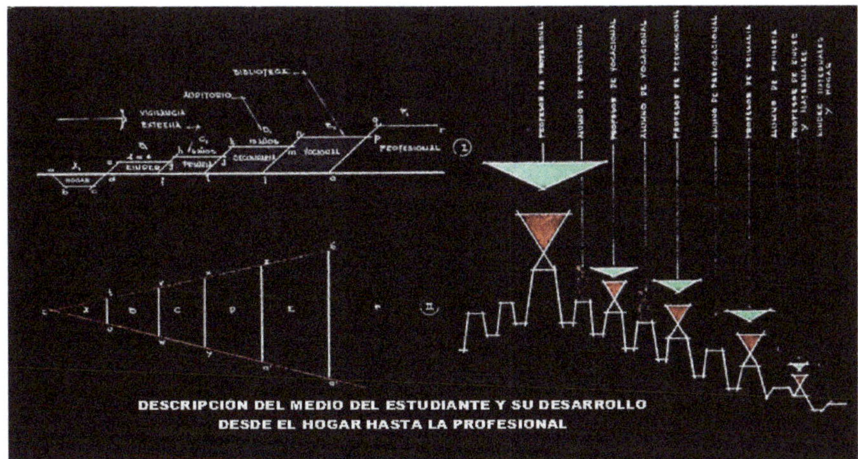

La teoría describe la forma como las ideas filosóficas de un tiempo (conos emisores), condicionan siempre la educación y la conducta de los hombres en proceso de educación (conos receptores)

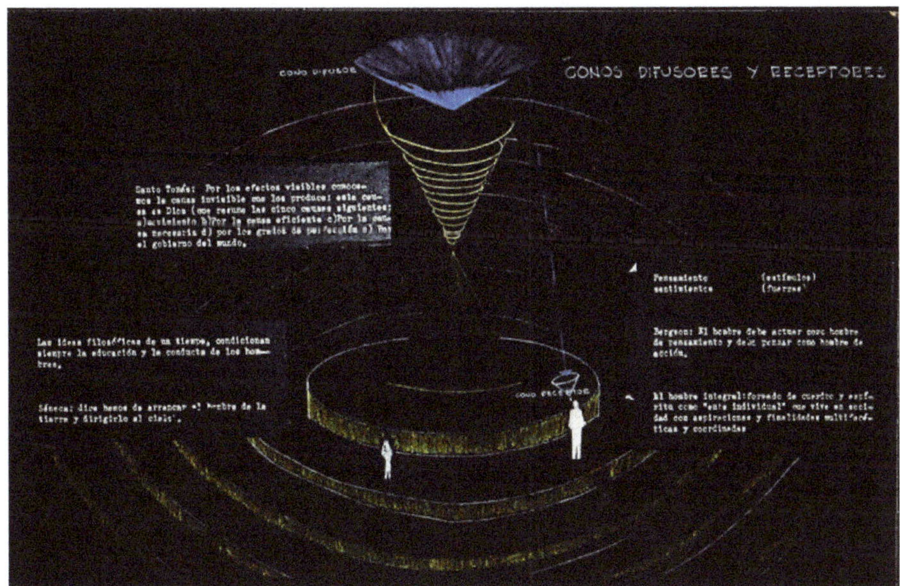

En el diagrama anterior, Hernández Mendoza presenta una serie de analogías que destacan importantes reflexiones:

1. En lugar de considerar a la ciudad como un simple elemento dentro del vasto cosmos, se plantea que esta debe ser construida por el ser humano con dignidad y respeto, enfocada en servir óptimamente a la humanidad y reflejando su grandeza y dignidad inherente.

2. Se reconoce al ser humano en su totalidad, tanto en su aspecto físico como espiritual, con la aspiración de alcanzar su plenitud en un sentido trascendente.

3. Así como los padres de familia nutren el crecimiento inicial de la personalidad, la escuela tiene la responsabilidad de educar y formar individuos inteligentes, sin limitarse a un enfoque meramente reproductivo, y garantizando una educación integral que abarque un vasto espectro de conocimientos para cada individuo, priorizando la formación de personas sobre la formación de profesionales.

4. Se destaca que el proceso educativo no está limitado a las fronteras de un país, sino que se ve influenciado por una multiplicidad de circunstancias históricas, culturales, religiosas, económicas y sociales, lo que le confiere una importancia y trascendencia a nivel internacional.

5. Se hace hincapié en el impacto de la tecnología en la vida moderna, señalando que, si bien el avance tecnológico ha llevado a la humanidad a un nivel de fusión con la materia, esta amalgama resultante es de menor calidad que los valores espirituales y culturales que han experimentado una regresión. Se resalta la importancia de preservar estos valores fundamentales para el disfrute pleno e inteligente de la vida.

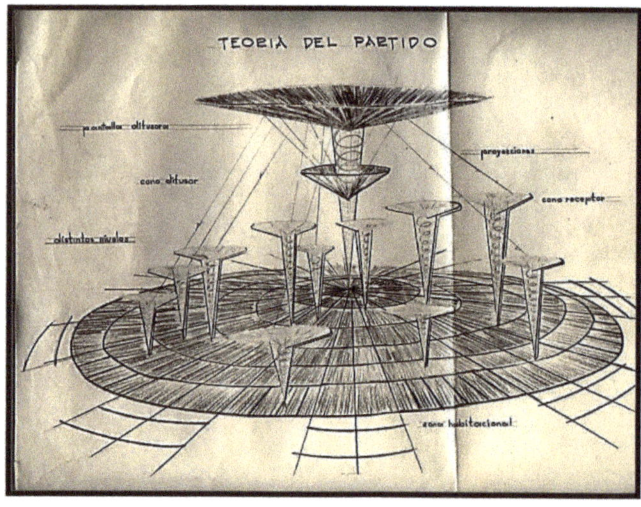

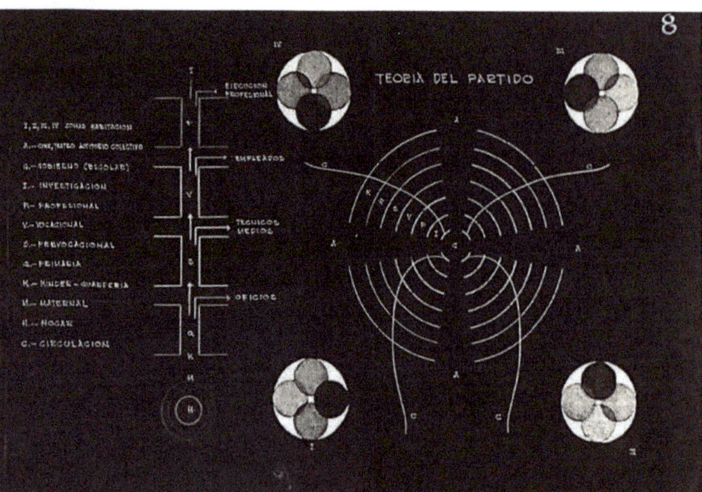

Así mismo el arquitecto plantea el partido arquitectónico general de la Ciudad Experimental del Estudio, propuesto para su funcionamiento óptimo.

La identificación de las diversas zonas o anillos que aparecen en el dibujo son:

I-I V	ZONAS DE HABITACIÓN		S	PREVOCACIONAL.
A	CINE, TEATRO, AUDITORIO COLECTIVO		Q	PRIMARIA
G	GOBIERNO ESCOLAR		K	KINDER, GUARDERÍA
I	INVESTIGACIÓN		M	MATERNAL
P	PROFESIONAL		H	HOGAR
V	VOCACIONAL		C	CIRCULACIÓN

LAS CIUDADES EXPERIMENTALES DE ESTUDIO

"La teoría de la CIUDAD EXPERIMENTAL DE ESTUDIO"

Considera su núcleo formado por una serie de anillos concéntricos en que se ubican los diversos niveles educativos

En derredor del mismo, los diversos sectores urbanisticos como los correspondientes al habitar, trabajar, cultivo de la personalidad, gobierno, servicios y la circulación que enlaza los diversos sectores a diversos niveles y por anillos concentricos y radiales

Así, el "nucleo estudio" se derrama sobre el resto de la ciudad, o la ciudad penetra en el "sector estudio", de acuerdo con cada aplicación especifica de la teoría de las "Ciudades Experimentales"

C4) MÉTODOLOGÍA PARA LA EJECUCIÓN DE UN PLAN URBANO

Esta teoría abarca los siguientes puntos:

1 OBJETIVOS.
La ciudad. Solucionar sus problemas.

2 TESIS URBANA
Bases de estructuración del método de estudios.

3 CONOCIMIENTO PREVIO.
Conocimiento de los problemas y necesidades de la ciudad. Planteamiento.

4 DIAGNÓSTICO INICIAL.
Establecimiento de hipótesis y orientación de la investigación.

5 INVESTIGACIÓN.
Conocimiento sistemático de la ciudad. Factores que intervienen en el crecimiento.

6 RECTIFICACIÓN Y SEGUNDAS HIPÓTESIS,

7 INTERPRETACIÓN Y DIAGNÓSTICO.
Analizar, jerarquizar y comparar datos acumulados con normas urbanísticas.

8 SOLUCIÓN.
Proposiciones directas hacia el progreso del desarrollo urbano. Proposiciones internas y externas.

9 RECTIFICACIÓN DE LA SOLUCIÓN.

10 DIFUSIÓN DEL PLAN.
Dar a conocer el progreso del desarrollo urbano.

11 INSTITUCIONALIZACIÓN
Plan regulador. Instalación y legalización del plan.

12 EJECUCIÓN.
Determinación de etapas de trabajo. Modificar de acuerdo a la realidad.

13 ORGANIZACIÓN.
Planear, coordinar, controlar el plan y construcción y administración del plan

14 EVALUACIÓN.
Prevenir resultados del progreso del desarrollo urbano, comprobar si es satisfactorio el resultado.

C5) ESTUDIOS PREVIOS PARA FORMULAR LA TEORÍA DEL DISEÑO DE CIUDADES.

Se refiere a asentamientos humanos que aparecen y crecen formando **"FIGURAS AMIBACEAS"**

PROPUESTA: Para no permitir el crecimiento arbitario y anárquico de dichos asentamientos

HACER PLANOS DE DESARROLLO

Previos para su control y sano crecimiento, lo que implica estudios profundos de todos los problemas demográficos que se generan desde que esos asentamientos humanos se empiezan a formar

Perspectiva aérea que muestra el plano regulador de Acayucan, Veracruz, elaborado por el Arq. Hernández Mendoza para el Departamento de Planeación Regional de la Secretaría de Recursos Hidráulicos

C6) IMPORTANCIA DEL PAISAJE DENTRO DE LA PLANIFICACIÓN Y APLICACIÓN DE UNA FASE DE LAS PLATAFORMAS-OASIS AL EJIDO COLECTIVO.

(Ponencia en el V Seminario de Planificación)

Esta teoría, entre otras cosas, dice:

Dentro de la planificación es de vital importancia **EL PAISAJE** natural o creado que rodea o habita dentro del ámbito de una zona derterminada de estudio.

El paisaje **INFLUYE EN LA PERSONALIDAD** de los individuos de una comunidad y va adentrandose en el hombre irremesiblemente para beneficiarlo o perjudicarlo

EL HOMBRE DEL CAMPO Es lacónico en su expresión, metafórico en su lenguaje taciturno, contemplativo e introvertido **EL HOMBRE DE LA COSTA** es extrovertido, alegre e inquieto

El paisaje lleva elementos que producen en los humanos, irremisiblemente, motivaciones anímicas que influyen indirecta o directamente en beneficio de sus actividades y de su propia personalidad, coadyuvando a fortalecer los sentimientos de seguridad y arraigo, siendo el paisaje, por lo tanto, no un recurso en la planificación, sino una función en sí

La misión del paisaje es múltiple y fuerte coadyuvante de las interacciones humanas y culturales y fuerte impulsor de las interreelaciones humanas y culturales, así como un fuerte impulsor del turismo nacional e internacional, motivo por el cual, dentro de los programas de planificación deben considerarse los importantes

Por ello, tomar en cuenta la necesidad de **LAS PLATAFORMAS OASIS** Son plazas y rincones de establecimiento de PARQUES NACIONALES o zonas verdes, en que se exhiba la flora y la fauna de una región en conjunción cpm sus replicas de piezas arqueologicas y la riqueza del folklore, buscando siempre la mayor claidad y el mas logico aprovechamiento del habitante local o el turista nacional o extranjero

PROYECTOS

1943	INSTITUTO ANTICANCEROSO PARA LA CIUDAD DE MÉXICO
1945	HOSPITAL GENERAL PARA EL I. M. S. S.
1946	PROYECTO DE CLÍNICAS TIPO PARA LA REPÚBLICA MEXICANA
1947	PALACIO MUNICIPAL EN SUCHIATE, CHIAPAS
1951	ANTEPROYECTO "PACELLI" PARA LA CONSTRUCCIÓN DEL SEMINARIO CONCILIAR PALAFOXIANO, EN PUEBLA, PUE.
1953	EDIFICIO DE DEPARTAMENTOS EN "CIUDAD SATÉLITE".
1953-63	CASA HABITACIÓN DE DESCANSO, EN EL RANCHO DE CORTÉS, CUERNAVACA, MORELOS.
1958	IGLESIA DE 'EL BAUTISTA" Y PROYECTO ESCULTÓRICO PARA LA MISMA, EN SAGATAGAN, MINNESOTA, ESTADOS UNIDOS.
1958	PROYECTO IMAGINARIO, CONCEPTUAL Y GRÁFICO PARA UNA CONMEMORACIÓN SACERDOTAL "MONTECASINO" EN ITALIA (En estilo abstracto con dinámica ascendente de línea. Apareció en la portada de una invitación).
1958	ANTEPROYECTO PARA JARDINES Y FUENTE DE LA CIUDAD DE GUADALAJARA EN COLABORACIÓN CON EL ARQUITECTO LUIS BARRAGÁN.
1953-63	CASA HABITACIÓN LLAMADA "LA BOCANA" EN ACAPULCO, GUERRERO.
1953-63	UNIDAD DE HABITACIÓN EN SAN MATEO.
1959	PROYECTO DE CASA HABITACIÓN PARA EL SR. CLEMENTE RUEDAS VARGAS.
1959	CASA HABITACIÓN PARA EL SR. JOSÉ GONZÁLEZ
1959	CONDOMINIOS EN LA ALAMEDA DE STA. MARÍA
1971	ESCUELA MODERNA AMERICANA
1971	MUSEO PARA LOS MISIONEROS JOSEFINOS.
1982	ESTUDIO Y ANTEPROYECTO TORRE DE SALVAMENTO DEL HOTEL "LA PALAPA", DE ACAPULCO, GRO.
1982	CASA HABITACIÓN LLAMADA "QUINTA MARÍA DEL AGUA", UBICADA EN LA CALLE DE DÍAZ MIRON N.º 408, COL. SAN JACINTO, MÉXICO, D.F.
1982	CENTRO CULTURAL PARA LA CIUDAD DE PARÍS, FRANCIA.

Más adelante se incluyen fotografías de algunos de estos proyectos.

PROYECTOS

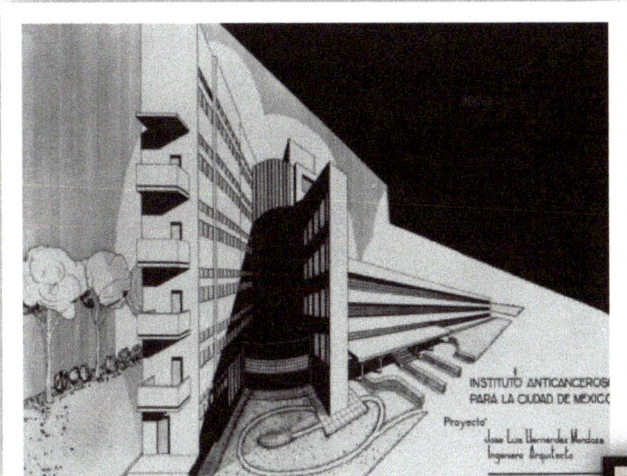

INSTITUTO ANTICANCEROSO PARA LA CIUDAD DE MÉXICO
1943

HOSPITAL GENERAL PARA EL I.M.S.S.
1945

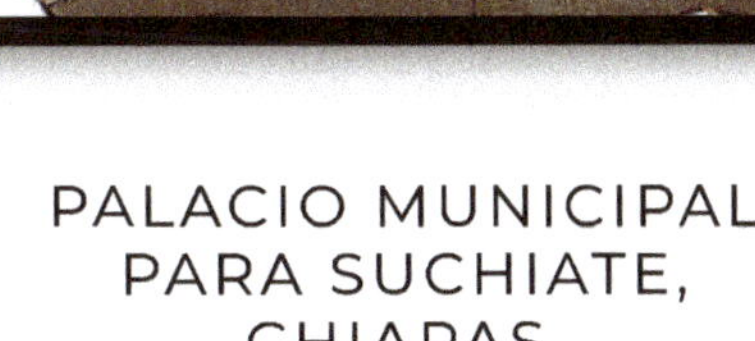

PROYECTO DE CLINICAS TIPO
1946

PALACIO MUNICIPAL PARA SUCHIATE, CHIAPAS.
1947

EDIFICIO DE DEPARTAMENTOS EN CIUDAD SATÉLITE.

1953

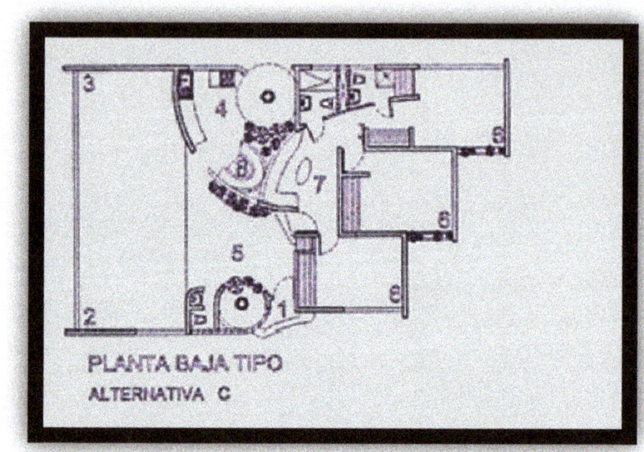

PROYECTO DE CASA HABITACIÓN PARA EL SR. CLEMENTE RUEDA VARGAS*

1959

IGLESIA DE 'EL BAUTISTA", EN SAGATAGAN, MINNESOTA, ESTADOS UNIDOS.

1943

*Modelado en perspectiva del proyecto de casa habitación para el Sr. Clemente Rueda Vargas

ing. Arq. Oscar Velez Pérez. Renderizado

Ing. Arq. Rodrigo Martínez Sánchez. Modelado, edición y Post producción.

Ing. Arq. Alejandro Sánchez Aragón Reconstrucción y modelado.

Ing. Arq. Liliana Victoria Guzmán Arriaga Reconstrucción y modelado

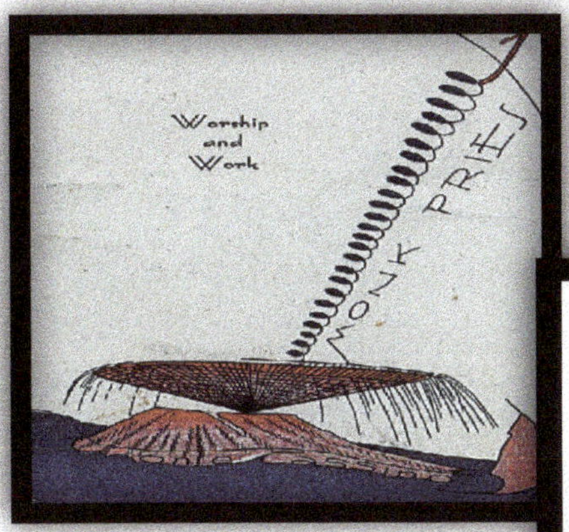

PROYECTO LA BOCANA EN ACAPULCO, GUERRERO

1953-63

PROYECTO PARA CONMEMORACIÓN SACERDOTAL "MONTE CASINO" EN ITALIA.

1958

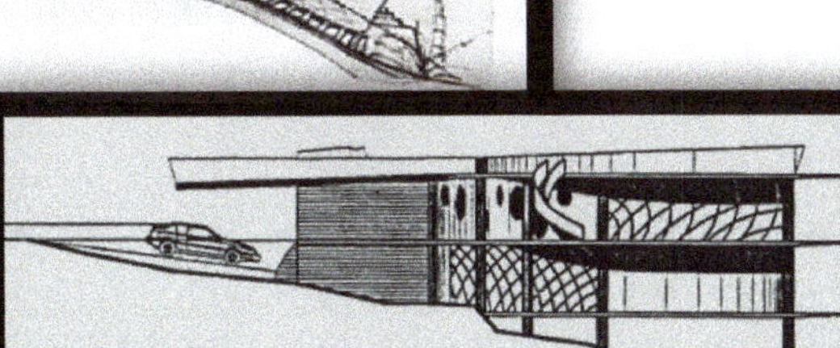

UNIDAD DE HABITACIÓN SAN MATEO

1953-63

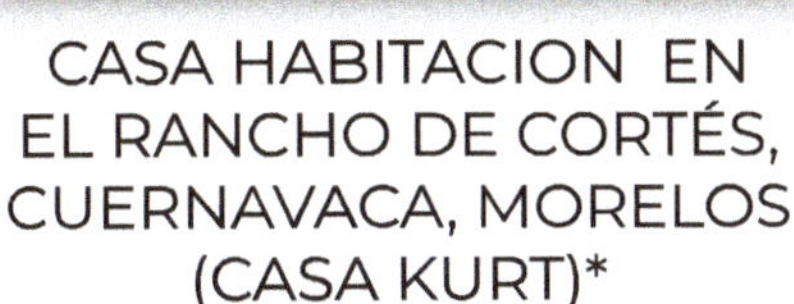

CASA HABITACION EN EL RANCHO DE CORTÉS, CUERNAVACA, MORELOS (CASA KURT)*

1953-63

*Modelado en perspectiva del proyecto de casa habitación en el rancho de Cortés, Cuernavaca, Morelos (Casa Kurt)

ing. Arq. Oscar Velez Pérez. Renderizado

Ing. Arq. Rodrigo Martínez Sánchez. Modelado, edición y Post producción.

Ing. Arq. Alejandro Sánchez Aragón Reconstrucción y modelado.

Ing. Arq. Liliana Víctoria Guzmán Arriaga Reconstrucción y modelado

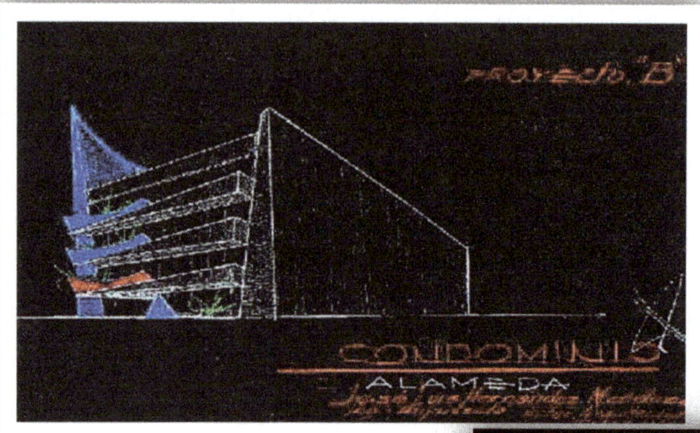

CONDOMINIOS
ALAMEDA

1959

ESCUELA MODERNA
AMERICANA

Vease Pag. 54

1971

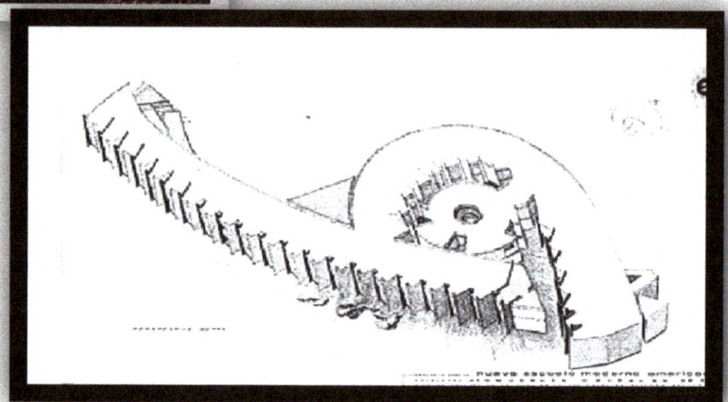

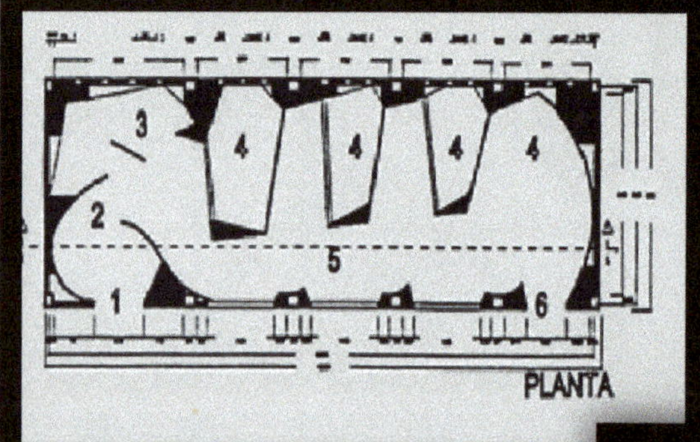

MUSEO DE LOS
MISIONEROS
JOSEFINOS

1971

TORRE PUENTE DE
SALVAMENTO DEL
HOTEL "LA PALAPA",
DE ACAPULCO, GRO.

1982

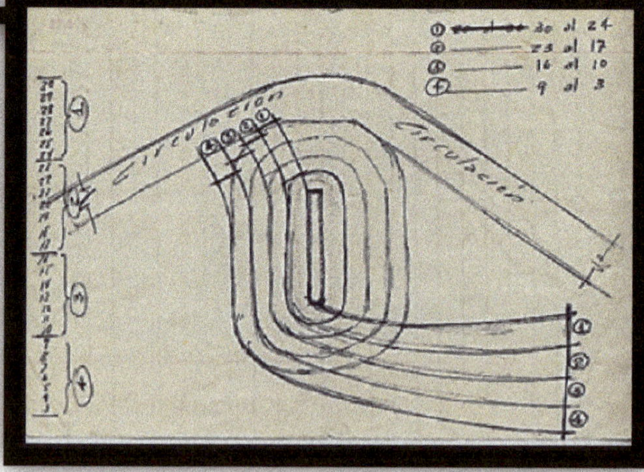

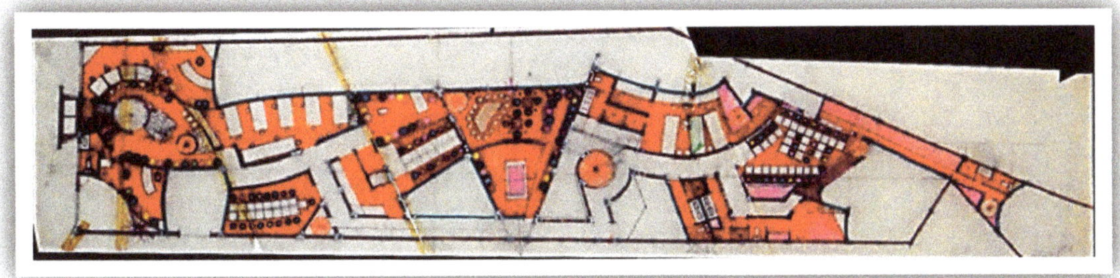

CASA HABITACIÓN LLAMADA "MARÍA DEL AGUA" **1982**

PROYECTO DE CENTRO
CULTURAL PARA LA
CIUDAD DE PARÍS,
FRANCIA

1982

OBRAS

1941-42	CASA DE DEPARTAMENTOS EN MELCHOR OCAMPO N° 420, COL. CUAUHTÉMOC, CDMX
1943	LA PRESA DE LAS VÍRGENES, EN CIUDAD DELICIAS, CHIHUAHUA
1947	CASA HABITACIÓN EN LA MANZANA 17, COLONIA DEFENSORES DE LA REPÚBLICA
1947	BUNGALOW CON JARDINERA, EN COYOACÁN, CDMX
1948	CASA HABITACIÓN EN MIXCOAC, CDMX
1949-50	RESIDENCIA EN LA CALLE DE CHILPA COLONIA DEL CARMEN, COYOACÁN, CDMX, LLAMADA "DEL BARCO", CON SOLARIUM EN CANTILIVER
1951	EDIFICIO DE LA ESCUELA SUPERIOR DE INGENIERÍA MECÁNICA Y ELÉCTRICA (ESIME), CDMX
1952	RESIDENCIA DE LUJO EN LA CALLE DEL ROCÍO 142 DEL FRACCIONAMIENTO JARDINES DEL PEDREGAL DE SAN ÁNGEL, CDMX
1953-63	CASA DE DEPARTAMENTOS EN LAS CALLES DE NICOLÁS SAN JUAN, COLONIA DEL VALLE, CDMX
1953-63	SANTUARIO DE NUESTRA SEÑORA DE GUADALUPE, EMPERATRIZ DE AMÉRICA, SAN JOSÉ INSURGENTES, CDMX
1953-63	CASA HABITACIÓN EN LA CALLE SUR 73, 152, FRACCIONAMIENTO PRADO GENERAL ANAYA, CDMX
1953-63	AULAS TALLER Y SECCIÓN DE TIENDAS Y ACCESOS AL EDIFICIO DE LA PREPARATORIA DEL COLEGIO TEPEYAC, UBICADO EN LA COLONIA LINDAVISTA, CDMX
1953-63	ESCALERAS PARA EL COLEGIO TEPEYAC.
1953-63	CASA DE DEPARTAMENTOS EN LA CALLE DE PINO 268 DE LA COLONIA SANTA MARÍA LA RIBERA, CDMX
1958	PLAZA DEL CIGARRO, EN EL FRACCIONAMIENTO JARDINES DEL PEDREGAL DE SAN ÁNGEL, CDMX, EN COLABORACIÓN CON EL ARQUITECTO LUIS BARRAGÁN
1958	CASA HABITACIÓN EN EL CALLEJÓN DE ALLENDE Y AV. TAXQUEÑA, EN CHIMALISTAC, VILLA ÁLVARO OBREGÓN, CDMX
1962	CASA HABITACIÓN UBICADA EN EL LOTE 28, MANZANA G, FRACCIONAMIENTO SINDICATO MEXICANO DE ELECTRICISTAS, DELEGACIÓN ATZCAPOTZALCO, CDMX
1963	RESIDENCIA EN JOSÉ MARÍA VELASCO N° 65, SAN JOSÉ INSURGENTES, CDMX
1981	REMODELACIÓN DE CASA HABITACIÓN EN PLAZA ORLEANS 4, FRACCIONAMIENTO MAYORAZGOS DE LA CONCORDIA, EDO. MEX.
1982-85	CASA HABITACIÓN EN LA CALLE DE DEPORTES 26, DE LA COLONIA DE LAS ARBOLEDAS, NAUCALPAN, ESTADO DE MÉXICO

Más adelante se incluyen fotografías de algunas de estas obras.

LA PRESA DE LAS VÍRGENES, EN CIUDAD DELICIAS, CHIHUAHUA

1943

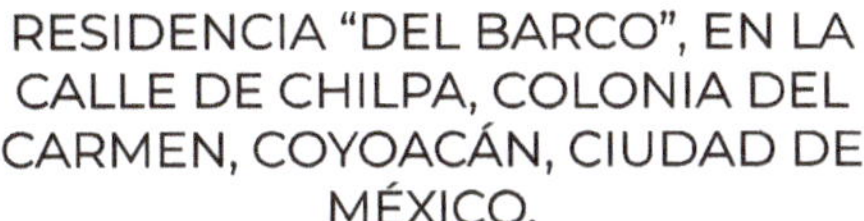

BUNGALOW CON JARDINERA, EN COYOACÁN, CIUDAD DE MÉXICO

1947

RESIDENCIA "DEL BARCO", EN LA CALLE DE CHILPA, COLONIA DEL CARMEN, COYOACÁN, CIUDAD DE MÉXICO.

Vease Pag. 40

1949

ESCUELA SUPERIOR DE INGENIERÍA MECÁNICA Y ELÉCTRICA (ESIME), EN SANTO TOMÁS, CD. DE MÉXICO

Vease Pag. 58

1951

RESIDENCIA DE FERNANDO SOLER EN JARDINES DEL PEDREGAL DE SAN ÁNGEL, EN LA CIUDAD DE MÉXICO

Vease Pag. 66

1952

AUTORIZACIÓN DEL USO DE LA TEORÍA DE ESCALERAS DE PENDIENTE SUAVIZADA Y ANCHO RAZONADO PARA EL MUSEO GUGGENHEIM DISEÑADO POR FRANK LLOYD WRIGHT EN NEW YORK, USA

1959

CASA HABITACIÓN EN MIXCOAC, CIUDAD DE MÉXICO

1948

RESIDENCIA EN SAN JOSÉ INSURGENTES, CIUDAD DE MÉXICO

1963

DEPARTAMENTOS EN COLONIA DEL VALLE, CIUDAD DE MÉXICO.

1953-1963

SANTUARIO DE NUESTRA
SEÑORA DE GUADALUPE,
EN SAN JOSÉ INSURGENTES,
CIUDAD DE MÉXICO

Vease Pag. 78

1953

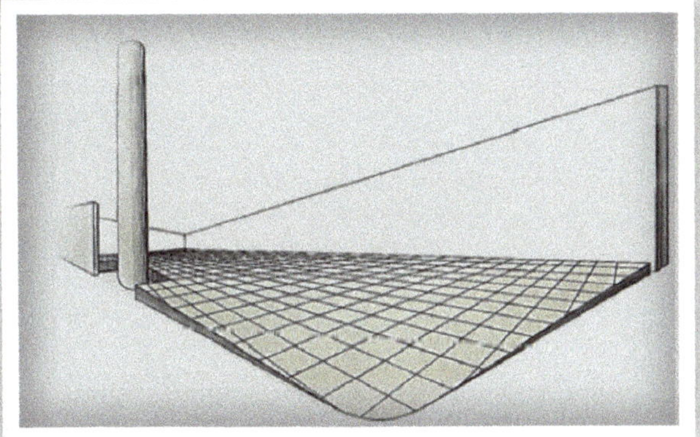

"PLAZA DEL CIGARRO", EN SAN
ÁNGEL, CDMX, EN COLABORA-
CIÓN CON EL ARQUITECTO LUIS
BARRAGÁN

1958

CASA HABITACIÓN EN
ARBOLEDAS, TLALNEPANTLA,
ESTADO DE MÉXICO

1982-1985

PROYECTOS Y OBRAS CON ALUMNOS

1972-73   **PROYECTO PARA LA TERCERA SECCIÓN DEL BOSQUE DE CHAPULTEPEC.**

Este proyecto, realizado por alumnos y maestros de la Escuela Superior de Ingeniería y Arquitectura del Instituto Politécnico Nacional, fue asesorado por el Ing. Arq. Hernández Mendoza cuando era subdirector del Área de Arquitectura de esa institución educativa. Fue solicitado en el año de 1972 por el delegado de la Delegación Miguel Hidalgo, Lic. Eduardo Tonella E., a la Escuela Superior de Ingeniería y Arquitectura por instrucciones del Regente capitalino, Lic. Octavio Sentíes Gómez y del presidente de la República Lic. Luis Echeverría Álvarez. Uno de los trabajos presentados por La Escuela Superior de Ingeniería y Arquitectura obtuvo el primer lugar y el fallo lo dio el Lic. Tonella el 13 de diciembre de 1972. La entrega de reconocimientos y diplomas la hizo el propio Regente, Lic. Octavio Sentíes Gómez y se llevó a cabo el 25 de octubre de 1973 en el Salón Mexicano de la Regencia. (ver fotografía).

Toma aérea de la 3a sección de Chapultepec

Entrega de reconocimientos y diplomas

1957   EL TEATRO DEL FUTURO

Una de las características más importantes de la personalidad del Arq. Hernández Mendoza era su deseo de transmitir a otras personas y a sus alumnos todos sus conocimientos y su experiencia en el campo de la arquitectura. Pero era un humanista, por lo que también hablaba siempre de sus vivencias y de aspectos culturales en general. Sus charlas, por tanto, siempre resultaban muy interesantes por estar llenas de un gran contenido humano, técnico y artístico. Sin embargo, aunque todas las conferencias que sustentó fueron muy interesantes, la que más llama la atención fue la que llevó a cabo en la sala "Manuel M. Ponce" del Palacio de las Bellas Artes en el Centro Histórico de México, D.F., con el tema "La arquitectura de Frank Lloyd Wright" que a su sazón era la cuarta de un ciclo de conferencias que se llevaron a cabo, sobre el tema de la Arquitectura Panamericana, organizado por el Departamento de Arquitectura de Instituto Nacional de Bellas Artes. Al participar en dicha conferencia fue invitado por el Arq. Alberto T. Arai, y se lo comunicó a través de un oficio firmado por el director general de dicho Instituto, el Licenciado Miguel Álvarez Acosta, que está fechado el 20 de septiembre de 1957. En esta conferencia, el Arq. Hernández Mendoza incluyó el proyecto del "TEATRO DEL FUTURO", que desarrolló enfrente del auditorio, pues para llevarlo a cabo, en lugar de hablar describiendo dicho proyecto en forma teórica, prefirió realizarlo en vivo, para que los asistentes vieran como lo llevaba a cabo. Por ser de gran interés el contenido de toda la conferencia, a continuación, la transcribimos íntegramente:

CONFERENCIA SUSTENTADA EN LA SALA MANUEL M. PONCE EN EL PALACIO DE BELLAS ARTES EL 14 DE OCTUBRE DE 1958

LA ARQUITECTURA DE FRANK LLOYD WRIGHT
Por el ING. ARQ. JOSÉ LUIS HERNÁNDEZ MENDOZA.

Gracias a mi inquietud, y debido a mi radical inconformidad con los conceptos, tendencias y tecnicas para estudiarlo con detalle y más tarde, buscar con verdadera vehemencia mi encuentro con el Maestro de Maestros, habiéndolo logrado en forma por demás interesante y tempestuosa (no pudiendo relatar aquí el hecho por la brevedad del tiempo), a raíz del VIII Congreso Panamericano de Arquitectura, celebrado en México en el año de 1952, con la estimable, entusiasta y audaz colaboración de la Señora Alicia Orozco de Durán Piñeiro, distinguida clienta mía, que tengo el placer y el honor de contarla entre mi auditorio y que gentilmente se ofreció a ser mi intérprete en mis entrevistas con el Maestro Wright, en las cuales, tuve el honor de cambiar impresiones y conceptos con él, recibiendo de su parte, el estímulo de encontrar siempre nuevas rutas en la Arquitectura, en mi tarea que me había trazado y luego, habiendo él conocido mis ideas sobre Arquitectura, expresadas en mi Teoría "Escénica" y la nueva concepción de escaleras y rampas de pendiente suavizada y ancho razonado, reconoció la originalidad y el interés de esos aportes en la Arquitectura. Es por todo esto que el acto de esta noche es para mí inolvidable y será desde hoy una de las ceremonias mas importantes de mi vida.

A continuación de estas palabras, el Arq. Hernández Mendoza expuso 120 diapositivas, con sus respectivas explicaciones y finalmente terminó la conferencia diciendo lo siguiente:

Ruego pues, estimados señores y señoras, disculpen los errores múltiples que pueda yo haber cometido en esta conferencia, que no tiene más mérito, que el profesar un cariño inmenso a mi profesión y a la cultura, y la veneración ferviente hacia el "Titán" de la Arquitectura, mi querido Maestro Frank Lloyd Wright a quien deseo mandar desde este sitio un cordial saludo de su servidor.

ING. ARQ. JOSÉ LUIS HERNÁNDEZ MENDOZA
Expositor.
México, D.F., a 14 de octubre de 1958

Para leer la conferencia completa
acceda al siguiente QR

ACTIVIDAD DOCENTE
CREACIÓN DEL CINAHUEST

Fue lo más importante que realizó y aplicó en su vida profesional, aportando para la historia de la arquitectura su teoría de la arquitectura Técnico-Escénica-Psicológica y para el IPN y la docencia, además de la propia teoría ESCÉNICA, su propuesta del Centro de Investigaciones Arquitectónicas. Humanísticas y Estéticas, llamado CINAHUEST, del cual puedo decir lo siguiente:

Las actividades que desarrolló el Arq. Hernández Mendoza siendo subdirector del área de Arquitectura de la Escuela Superior de Ingeniería y Arquitectura fueron muchas. Sin embargo, entre lo mejor que hizo fue la creación del Centro de Investigaciones Arquitectónicas, Humanísticas y Estéticas, denominado CINAHUEST, cuyo antecedente, creo, es el "Círculo Polifacético del Arte", también organizado por él. Lo pensó como una realidad, desde que impartió su conferencia sobre Frank Lloyd Wright en Bellas Artes y que finalmente cristalizó cuando encontró la infraestructura académica adecuada en la ESIA. El CINAHUEST, asegura el propio Arq. Hernández Mendoza:

"Tenía la función de dar oportunidad a los alumnos, no sólo de la ESIA sino de todas las otras escuelas y áreas del Instituto Politécnico Nacional, así como de otros centros de enseñanza , de que aprendieran e investigaran las más diversas facetas, disciplinas y actividades del conocimiento humano, libremente seleccionadas, de acuerdo a sus propias preferencias y aptitudes, asesorados por el Departamento Psico-Pedagógico del propio CINAHUEST, el que daba a los participantes una constancia de estudios del área o áreas seleccionadas y que enriquecían los curriculums de estudio de quienes los obtenían".

De esa forma, a través del CINAHUEST se lograba tener, sin límite alguno, el servicio de disciplinas humanísticas que él había anhelado para la Escuela Superior de Ingeniería y Arquitectura y para el propio Instituto Politécnico Nacional. El servicio que se pretendía dar con este centro era algo similar al que ofrece actualmente el Centro de Lenguas Extranjeras (CENLEX) del IPN, sólo que abarcando aspectos culturales tales como muralismo, apreciación musical, historia del arte, historia de la arquitectura, psicología, cine-club, literatura universal, lectura dinámica, oratoria, redacción y ortografía, etc., y como decía el propio arquitecto, podían asistir no sólo estudiantes sino también personal administrativo, docentes y hasta egresados.

Se impartían materias tales como: cineclub, psicología del arte y la arquitectura, legislación, apreciación musical, historia del arte, arquitectura de paisaje, administración, urbanismo, ecología y ambiente, el hombre y su desarrollo, literatura universal, etc.

Este centro funcionó durante dos años (1972-1973) y tuvo tal éxito en su demanda que se llegaron a impartir más de veinte materias diferentes.

Desgraciadamente, después de haber funcionado algún tiempo, el CINAHUEST desapareció, en lugar de convertirse en una escuela especial del Instituto Politécnico Nacional, de servicio para toda la comunidad politécnica y sus egresados.

A continuación, presento la lista de materias y de profesores que las impartían en aquella época:

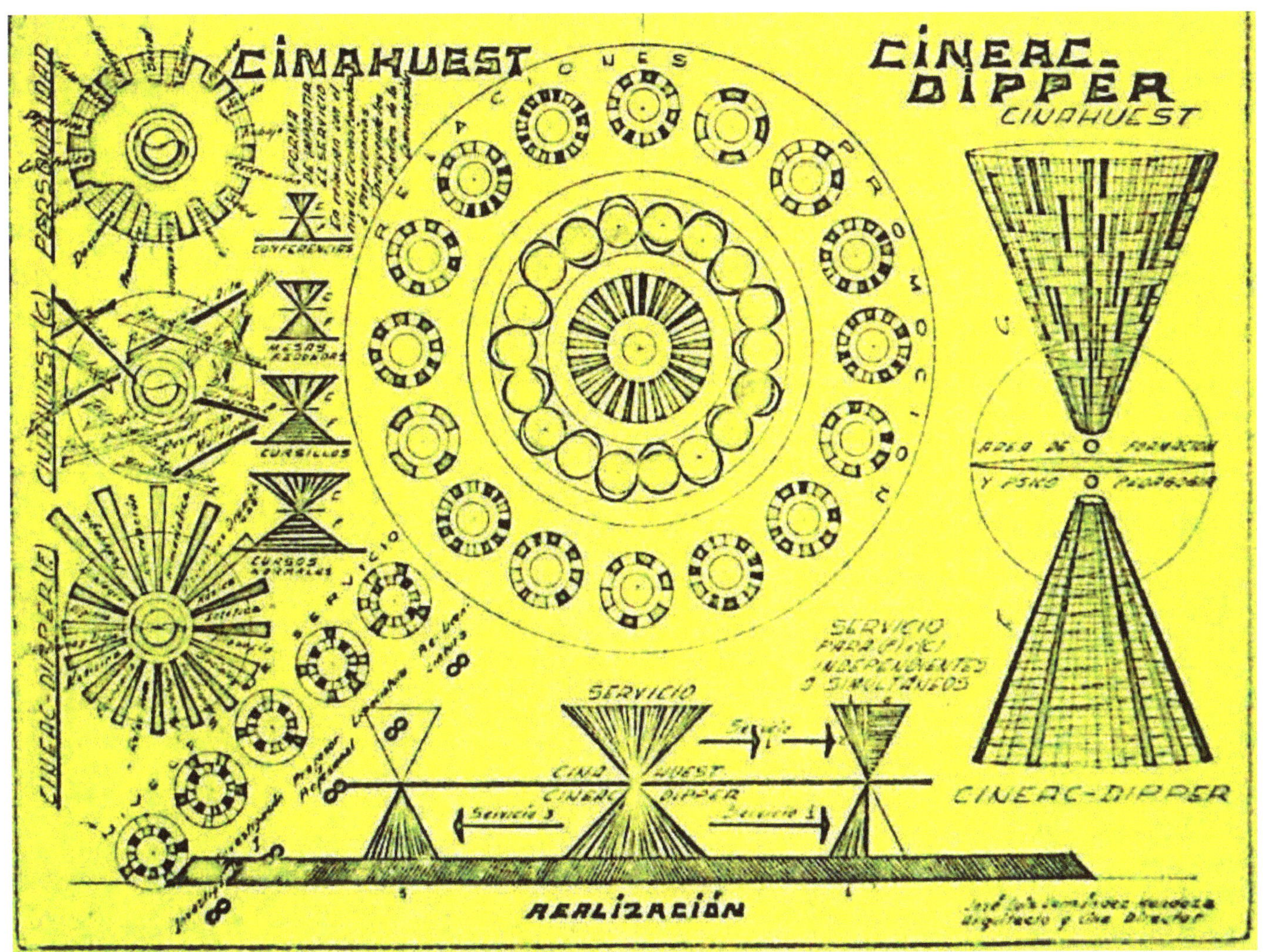

Diagrama hecho por el Ing. Arq. José Luis Hernández Mendoza, de relación de los diferentes Centros de Enriquecimiento de los Conocimientos y del Mejoramientos de la Personalidad, dirigidos por él y es que tuvo muchos proyectos relacionados con este tema

EL LEGADO
ING. ARQ. JOSÉ LUIS HERNÁNDEZ MENDOZA

A QUÉ DEDICÓ SU VIDA

Además de llevar a cabo todas las actividades señaladas en su *curriculum* presentado en el PENACHO INDÍGENA, se dedicó principalmente

A SU FAMILIA

y

A COMPLETAR Y ENRIQUECER SU TEORÍA DE LA **ARQUITECTURA TÉCNICO-ESCÉNICA-PSICOLÓGICA**

EN DÓNDE APLICÓ SUS TEORÍAS

EN SU ACTIVIDAD DOCENTE Y DE INVESTIGACIÓN

ACTIVIDAD PROFESIONAL DE INGENIERO-ARQUITECTO

RESULTADOS Y SU LEGADO

APORTÓ PARA LA HISTORIA DE LA ARQUITECTURA SU TRABAJO DOCENTE, IMPARTIENDO CÁTEDRA EN VARIAS UNIVERSIDADES, ASESORANDO TESIS PROFESIONALES, PRESENTÁNDOSE COMO PONENTE EN CONFERENCIAS Y CONGRESOS, ETCÉTERA

PARA EL PERSONAL Y ALUMNOS DEL IPN, PROPUSO EL CENTRO DE INVESTIGACIONES ARQUITECTÓNICAS, HUMANÍSTICAS Y ESTÉTICAS, LLAMADO CINAHUEST

DIRIGIÓ A MAESTROS Y ALUMNOS DE LA ESIA, PARA DESARROLLAR EL PROYECTO DE LA TERCERA SECCIÓN DEL BOSQUE DE CHAPULTEPEC (Se logró el primer lugar en el concurso convocado por el Lic. Sentíes del entonces gobierno del Distrito Federal).

APORTÓ PARA LA HISTORIA DE LA ARQUITECTURA SU TRABAJO COMO INGENIERO ARQUITECTO, DISEÑANDO Y CONSTRUYENDO PROYECTOS IMPORTANTES

"SÓLO LOS GRANDES HOMBRES TRASCIENDEN EN EL TIEMPO"
POR
ING. ARQ. ALEJANDRO SÁNCHEZ ARAGÓN

Han transcurrido 45 años desde que la teoría de la Arquitectura Técnico-Escénica-Psicológica fue registrada como una aportación innovadora al campo de la arquitectura, para su desarrollo y renovación constantes.
En 1998, me integré por completo al trabajo de estructuración de este libro, gracias a la anuencia del Ing. Arq. Ángel Esteva Loyola y de los hijos del Ing. Arq. Hernández Mendoza, José Manuel y Juan David Hernández Escamilla.

Desafortunadamente, por cuestiones cronológicas, nunca conocí al autor de la teoría Escénica, pero sí puedo afirmar, que el eco de su gran personalidad y la trascendencia de su obra, llega, aún hoy en día, hasta la formación de los nuevos estudiantes de arquitectura, a través de quienes fueran sus alumnos, que tuvieron la sensibilidad de comprender lo que legó al mundo.
Para mí es ejemplo a seguir y quiero mencionar, crítica y objetivamente, su aportación arquitectónica, que evidentemente se adelantó en el tiempo, aproximadamente cuarenta años, y que todavía ahora, su gran teoría es vigente y aplicable a la solución de las necesidades que hoy nos aquejan, tanto física como psíquica y espiritualmente.

Creador de un estilo propio, con todos los elementos necesarios para definir su arquitectura como única, amplió sus horizontes hasta la educación y la formación de hombres y mujeres verdaderos, que veo realizados en sus propios hijos y en sus alumnos, ahora maestros, que afortunadamente lograron entender lo que esencialmente fue y aportó a la humanidad.

No quiero errar en la definición de su arquitectura, pero puedo decir que la interpretó bajo sus propios conceptos, como una espiral ascendente, que es la vida del hombre productivo y realizado, transfigurado en elementos y conceptos arquitectónicos, ligados directamente con la tradición y sentimiento espiritual que es característico de nuestra nación mexicana. Considero que sus planos de inclinación razonada, sus escaleras de pendiente suavizada y ancho razonado, y todos los elementos que conforman sus logros plásticos, son transformaciones de la arquitectura que los pueblos prehispánicos de estas tierras, llevaran a cabo y que no sólo son aplicación de una fórmula superficial, porque todos estos elementos tienen una función definida y razonada científicamente, para el aprovechamiento de cada edificio por él proyectado para satisfacer necesidades del ser humano.

Agradezco fervientemente a la vida, haberlo conocido a través de su obra y creo ciertamente, que existe un compromiso muy personal, por dignificar y dar a conocer su vida y su obra tan trascendente para la mía propia.

Gracias por todo Arq. Hernández Mendoza, y quiero decirle, que todo lo que usted formuló verdaderamente fructificó en la formación de los profesionales de la nueva época.

FIRMA
14 de diciembre de 1998

FUENTES DE INFORMACIÓN Y BIBLIOGRÁFICAS

La principal fuente de información para desarrollar el presente trabajo fue el archivo personal del ingeniero arquitecto José Luis Hernández Mendoza, sin embargo, también se obtuvo información en escritos diversos de sus alumnos (tareas y opiniones) y en algunos casos de sus amigos y profesores, compañeros de trabajo en las universidades donde impartió cátedra y colaboradores. En este sentido cabe destacar el archivo guardado celosamente varios años por la ingeniera-arquitecta Guadalupe Franco Daza, alumna y colaboradora por mucho tiempo del arquitecto Hernández Mendoza, que sirvió de base para la clasificación final de las teorías, para lo cual también ayudó en forma definitiva su participación personal, sus comentarios y sus valiosos conocimientos.

A las investigaciones realizadas sobre su obra como la Tesis de maestría y doctorado en arquitectura de la Universidad Autonoma de México (UNAM) realizado por Yetlanetzi Alicia Martínez Barajas con el tema: Ing. Arq. José Luis Hernández Mendoza Entropia Arquitectonica; Del año 2018

Desde luego, se pudo tener acceso a publicaciones de diversos diarios y revistas que formaban parte del mismo archivo del arquitecto Hernández Mendoza y a mi libro Universo de los estilos arquitectónicos, que sirvió para ubicarlo en el contexto de la arquitectura universal.

ING. ARQ. ÁNGEL ESTEVA LOYOLA

Noviembre de 2018

9 786070 052026